JOHANNA
MAIER

Dieses Buch habe ich über Jahre in meinen Gedanken getragen – es musste erst reifen, um zu werden, was es geworden ist. Denn „Meine gesunde Küche" erzählt ganz besonders viel von mir – von meiner Begeisterung für die Traditionelle Europäische Heilkunde und dem Wunsch, Ihnen mit meinen Rezepten zu zeigen, wie köstlich gesunde Ernährung schmecken kann.

Viele Menschen haben mit ihren Ideen und Talenten zum Gelingen dieses Buches beigetragen. Vor allem aber danke ich Trixi Stepanek für die leidenschaftliche Zusammenarbeit, in der wir zu allen Tages- und Nachtzeiten getüftelt, entwickelt und die Dinge ebenso oft verworfen haben. Weil wir etwas schaffen wollten, das mehr ist als eine Kochanleitung – etwas, das die Menschen in ihrem Alltag begleitet, die Dinge praxisnah und unkompliziert erklärt und schrittweise mit Neuem vertraut macht.

Ein „Lebensbuch" sollte es werden, das von einer Generation an die nächste weitergereicht wird und das unser Leben auch in Zukunft bereichern wird.

Ich danke meinem Sohn Johannes und meinen jungen Köchen Franziska und Benny – für ihr Engagement und dafür, dass sie die Liebe zum Kochen mit mir teilen.

Dank auch an Marietta und Elisabeth für die ausdauernde Unterstützung beim Lektorat der Rezepte.

Wenn man etwas mit ganzem Herzen tut, wünscht man sich, dass die Geschichten aufgehen und die Menschen etwas anfangen können mit dem, was einem selbst wichtig ist. „Meiner gesunden Küche" wünsche ich genau das – und Ihnen viel Spaß beim Entdecken.

Johanna Maier

JOHANNA MAIER

MEINE GESUNDE KÜCHE

„KOCHEN IST DIE VERBINDUNG
VON NATUR ZU KULTUR,
VON MENSCH ZU MENSCH,
FÜR EIN GLÜCKLICHES,
VITALES LEBEN."

FOTOS: EISENHUT & MAYER,
MARCO ROSSI

INHALT

Alle Rezepte sind,
sofern nicht anders erwähnt,
für 4 Personen berechnet.

JOHANNA MAIER

IM KLEINEN SALZBURGER STÄDTCHEN RADSTADT GEBOREN,
ERLEBTE SIE IHRE ERSTEN KULINARISCHEN HOCHGENÜSSE, ALS IHRE OMA KOCHTE.
MIT 14 BEGANN SIE IN EINEM HOTEL MIT DER KOCH-KELLNER-AUSBILDUNG.
BALD SCHON BEGEGNETE SIE IHREM SPÄTEREN EHEMANN, EINEM HOTELIERS-SOHN
AUS FILZMOOS. EIN PAAR JAHRE SPÄTER LÄUTETEN DIE HOCHZEITSGLOCKEN.

Mit Dietmar hat sie vier Kinder, dazu kommen sechs Enkelkinder. In ihrem Familienbetrieb Hotel Hubertus entdeckte Johanna bald ihre Leidenschaft für das Kochen. Sie ging nach Frankreich und in andere Länder, um den besten Köchen der Welt über die Schulter zu schauen. Ihr Ehrgeiz schien grenzenlos.

Im Rekordtempo erreichte sie die höchsten Ehren, die je eine Köchin in Österreich erhielt: 19 von 20 Punkten im Gault Millau, 2 Sterne im Guide Michelin, die Trophée Gourmet, den Award „Woman of the Year" von Relais & Châteaux, 5 Kochlöffel im Schlemmeratlas.

Damit erlangte Johanna Maier Kultstatus und war fortan in vielen nationalen und internationalen Medien präsent. Sie kochte im Fernsehen und wurde zur Ikone für außergewöhnlich gutes Essen. Trotzdem blieb Johanna Maier stets am Boden der Realität. Sie widmete sich sozialen Themen, kochte für Obdachlose und unterstützte viele Charity-Events. 2010 eröffnete sie ihre eigene Kochschule und wurde aufgrund ihres Könnens und ihres Wissens über die Wirkung von Nahrungsmitteln und Kräutern zur Botschafterin für gesundes Essen.

In ihr neues Kochbuch fließen nun auch jene Kenntnisse ein, die sie während ihrer Ausbildung zur Praktikerin der Traditionellen Europäischen Heilkunde (TEH) erworben hat. Sie heben dieses Buch über eine reine Rezeptsammlung weit hinaus.

SICH INS KOCHEN
NEU VERLIEBEN

GESUNDE KÜCHE KOMMT MIT DEM TUN.

Hinter mir liegt ein intensives und doch beglückendes Jahr. Ich habe versucht, eine Antwort auf die Frage zu finden, inwieweit Ernährung das, was wir an Gutem haben, so lange wie möglich erhalten kann. Wie pflegen wir unsere Gesundheit so, dass es uns mit 90 Jahren noch Spaß macht, auf dieser Welt zu sein? Sich gesund ernähren, wie geht das?

Wie viele andere Menschen habe auch ich unzählige Ernährungsratgeber gelesen und bin immer ratloser geworden. Nahezu täglich prasseln Meldungen über neue Trends und Erkenntnisse auf uns ein, neue Wunderlebensmittel, neue Diäten, unzählige Meinungen, flankiert von lautstarken Marketingmaßnahmen. Gültiges wird laufend revidiert, jeder meint etwas anderes, sogar Wissenschaftler sind sich selten einig. Keiner kennt sich mehr aus. Wir ernähren uns rast- und ratlos. Wir orientieren unser Essverhalten immer weniger am Lebensmittel, sondern immer mehr an angesagten Wirk- und Nährstoffen. Wir nehmen immer mehr funktionelle Lebensmittel, Nahrungsergänzungen und industrialisierte Fertigprodukte zu uns. Immer mehr Nahrungsmittel sind heute bearbeitete Produkte, denen etwas weggenommen oder zugefügt wird, Geschmäcker werden intensiviert, die Haltbarkeit verlängert. Pure Natur kommt immer seltener auf den Tisch.

Zu denken sollte uns geben, dass trotz aller wissenschaftlicher Erkenntnisse und Errungenschaften der Lebensmitteltechnologie moderne Zivilisationskrankheiten eher zu- als abnehmen. Wir entfremden uns die Natur und damit echte Lebensmittel, wir entfernen uns immer mehr von dem, was Essen bedeutet. Die Klingel des Mikrowellenherds hat den Bratenduft im Haus ersetzt, wie sich ein Brotteig anfühlt und was ihn ausmacht, wie eine sonnengereifte Tomate schmeckt und wann genau sie reift, das weiß kaum einer mehr. Ist das Glück?

Es war kurz vor Weihnachten. Ich war mit einem guten Freund in den Pinzgau gefahren, auf einen Bauernhof, hoch oben am Berg. Der Tag war kalt und unwirtlich, mit dichtem Schneefall, Wind und eisglatten Straßen. Das Ankommen war wie ein Schritt vom Winter in den Sommer. Die mühsame Anfahrt war vergessen. In der warmen Stube entfaltete sich ein wunderbarer Duft nach Kräutern, so angenehm anregend, beruhigend, entspannend. Dort, in Unken, im Salzburger Saalachtal, hat ein kräuterkundiges Paar einen urigen Berghof gekauft, um in unberührter Natur das ganze Jahr über Wildkräuter für die Traditionelle Europäische Heilkunde (TEH) zu sammeln. Ich war fasziniert vom Wissen der Kräuterkundigen und ihren Geschichten, von der Heilkunde bis hin zur Mythologie. Obwohl ich mich seit Jahrzehnten intensiv mit Kräutern, Gewürzen und Ernährungslehren beschäftige, war der Besuch in Unken ein Schlüsselerlebnis für mich, ein Wegweiser für einen neuen Ansatz und die Weiterentwicklung meiner Küche. Noch im selben Winter begann ich mit der Ausbildung an der TEH-Akademie in Salzburg, im Frühling legte ich hinter meiner Kochschule einen Kräutergarten an. 160 Lehreinheiten und ein Jahr später wurde mir das Diplom zur Praktikerin der Traditionellen Europäischen Naturheilkunde überreicht.

Ich habe dieses Buch geschrieben, um die Lust am Kochen und Genießen und die Neugierde für echte Lebensmittel wieder zu wecken. Ich habe dieses Buch geschrieben, um Mut zu machen, wieder seinen eigenen Bedürfnissen, Sinnen und Gefühlen zu vertrauen, mehr auf sich selbst zu hören. Ich bin von der Kneipp'schen Lebensphilosophie und Gesundheitslehre überzeugt, die im Dezember 2015 von der UNESCO als Kulturerbe anerkannt wurde. Hier gibt es keine strengen Ge- oder Verbote. „Was der Psyche gut tut, das kann dem Körper nicht schaden", so der Pfarrer und Menschenfreund Sebastian Kneipp (1821–1897). Zugleich hat jeder Mensch eine individuelle Konstitution, was Stoffwechsel, Darmflora und Essensvorlieben angeht. Es kann daher gar keine einzig gültige Ernährungslehre geben. Sich gründlich mit seiner eigenen Nahrung zu befassen, ist deshalb wohl die beste Gesundheitsvorsorge. Oder wie Kneipp sagt: „Der Weg zur Gesundheit führt durch die Küche."

Darum kommt man aus meiner Sicht auch nicht darum herum, öfter selbst zu kochen, sich wieder mehr an das Wissen unserer Vorfahren zu erinnern und sich öfter gemeinsam um Herd und Tisch zu versammeln. Essen ist auch Kommunikation, es bringt Menschen zusammen, sprichwörtlich geht Liebe durch den Magen. Es ist eine Schlüsselentscheidung, statt industrieller Produkte und Nahrungsmittelimitate richtige Lebensmittel essen zu wollen, einfach gut essen zu wollen.

Um gesunde Speisen zuzubereiten, muss man nicht täglich stundenlang am Herd stehen. Mit ein wenig Kochwissen und guter Organisation kann man schon in kurzer Zeit etwas Gutes auf den Tisch bringen. Auch das soll dieses Buch vermitteln. Es soll Sie für alle Alltags- und Lebenssituationen wappnen und auch helfen, wenn mal der Bauch zwickt oder einen der Hustenvirus anfällt. Denn die Natur schützt uns nicht nur, sie kann auch das Gesundwerden unterstützen.

Genießen Sie das Leben, mit gesunder Ernährung, mit Liebe zu sich selbst, zum eigenen Körper, zu den eigenen Sinnen und zur Natur. Verlieben Sie sich ins Kochen, bleiben Sie gesund,

Ihre

JOHANNA MAIER

KRÄUTER UND GEWÜRZE

DIE MAGISCHEN ZUTATEN DER GESUNDEN KÜCHE

MEIN KRÄUTERGARTEN
IN DER KÜCHE

DAS KLEINSTE „GÄRTCHEN DER GESUNDHEIT" IST EIN BLUMENTOPF.

Das für mich Wichtigste für gesundes, wohl-schmeckendes Kochen sind meine Kräuter, lebendige, frische Kräuter. Sieben davon, die ich am häufigsten und liebsten verwende, habe ich immer in der Küche – Rosmarin, Schnitt-lauch, Petersilie, Oregano, Minze, Zitronenthymian, weil ich ihn für Fisch so liebe, im Sommer Basilikum und im Winter den Salbei. Es gibt kaum ein Gericht, das sich durch das würzige Grün nicht verbessern und beleben ließe.

Kräuter sind auch ein sinnliches Vergnügen. Sie duften fein, es macht Freude, ihnen beim Wachsen zuzuschauen, sie bringen Leben und Energie in die Küche, verbinden mit der Natur und laden zum kreativen Kochen ein. Manchmal, so zum Durchatmen, vor allem wenn es in der Küche hektisch zugeht oder ich abends müde bin, dann nehme ich meinen Rosmarin- oder Melissetopf und rieche daran. Das ist meine Aromatherapie für zwischen-durch. Das tiefe Einatmen von Kräuterduft belebt, entspannt und beruhigt zugleich. Inso-fern wirken Kräuter zweifach: von außen nach innen und von innen nach außen.

Gärtnereien bieten Kräuter in verführerischer Vielfalt an. Doch in der Alltagsküche braucht man keine seltenen Arten, sondern das, was man gerne verwendet. Viel Schnitt-lauch bringt viel mehr als viel Verschiedenes. Ich möchte mit Kräutern nicht sparen müssen. In vielen Haushalten ist es auch eine Platzfrage. Kräuter wachsen zwar überall, aber sie gehören in die Nähe der Küche, auf die Fensterbank oder neben die Balkontüre. Hat man sie in aller Frische und reichlich zur Hand, dann verwendet man sie auch. Klein anfangen, die Kräuter langsam kennenlernen, mit den Kräutern leben lernen und Schritt für Schritt die Auswahl wachsen lassen: So habe auch ich begonnen. Eine Melisse oder Ringelblume dazu, dann Estragon oder eine Zitronenverbene und im Winter die gute, genügsame Kresse zie-hen. Heute ist für mich ein Gericht ohne Grün undenkbar.

Ein großer Vorteil dieser typischen Küchenkräuter, die immer auch eine kleine grüne Apotheke sind, ist es auch, dass man sie nach Lust und Laune verwenden und mischen kann, ohne viel nachzudenken. In Suppen, Salaten, Saucen, zum Garnieren. Sie sind immer richtig, man muss dazu nicht Kräuterkunde studieren, man kann mit ihnen nichts falsch, sondern nur alles besser und gesünder machen.

So wichtig wie meine Kräutertöpfe ist mir auch meine Kräuterkaraffe. Jeden Morgen überbrühe ich einige Kräuter mit heißem Wasser, nicht viele, nur ein paar, keine bestimmten, sondern ganz beliebige. So sanft zubereitet begleitet mich das Kräuterwasser durch den Tag. Ich vergesse nicht zu trinken und die Kräuter geben mir immer wieder kleine, belebende Impulse. Man kann die Kräuter auch kalt ansetzen. Dieser Auszug sollte dann einige Stunden im Kühlschrank stehen, am besten über Nacht.

Auch Pflücksalat ist perfekt für den Balkon geeignet, man kann die Blätter einzeln nach Bedarf ernten, er wächst fortwährend nach und man hat immer frische, knackige Salatblätter, auch fürs Jausenbrot. Schon auf kleiner Fläche, in einem Balkonkasten oder Kübel, lässt sich eine ausreichende Menge Salat produzieren. Kein Salat ist so frisch wie aus eigenem Anbau.

KÜCHENKRÄUTER, DIE JEDER MAG

Schon eine einfache Eierspeise mit viel frischem **Schnittlauch** ist ein Gaumenerlebnis und ein Hit für die Gesundheit. Schnittlauch hat zahlreiche Senföle, viele Mineralien, Eisen und Vitamin C. Regelmäßiges Schnittlauchessen spendet Energie, fördert die Verdauung, stärkt die Atemwege und das Immunsystem. Er soll nach einem Rausch auch den Kater vertreiben. Schnittbereit am Fensterbrett wertet er im Handumdrehen Suppen, Salate und Aufstriche auf. Je feiner Sie Schnittlauch schneiden, umso mehr ätherische Öle setzt er frei. Schnell und einfach gelingt das mit einer Küchen- oder Kräuterschere.

Zu fast allen Speisen passt die **Petersilie**. Es gibt sie glatt und kraus, die glatte ist geschmacklich etwas intensiver. Ich verwende auch die abgezupften Petersilienstängel, um Suppen eine überraschend frische Note zu verleihen. Sie sind besonders intensiv im Geschmack. Zweimal durchschneiden, damit mehr ätherische Öle frei werden, und kurz vor dem Anrichten eine Zeit lang in der heißen Suppe ziehen lassen, dann wieder entfernen. Was viele nicht wissen: Petersilie hat auch geruchsbindende Eigenschaften. Wer viel davon isst, vermeidet Mund- und auch Körpergeruch. Vielleicht ist das auch mit ein Grund, warum man in schweißtreibenden Ländern so viel Petersiliensalat isst. Petersilie enthält Eisen, Kalzium, Kalium und Folsäure. Und ganz viel Vitamin C. Ein Bund davon hat mehr Vitamin C als ein halbes Kilo Orangen. Aber auch B-Vitamine. Diese Kombination (Eisen, Kalzium, B-Vitamine) macht die Petersilie für Veganer so interessant.

Die wuchswillige **Kresse** mit ihrem markant pfeffrigen Geschmack lässt sich wunderbar in kleinen Schälchen ziehen. Sie wächst zu jeder Jahreszeit auf fast allem, was den Wurzeln Halt bietet und Feuchtigkeit speichert. Sie sprießt selbst auf Watte oder Vlies. Licht braucht sie. Dann ist die scharfe Frische in wenigen Tagen erntebereit. Nur Nachtfrost hält sie nicht aus, darum Gartenkresse, Kapuzinerkresse (Salatblume) oder Brunnenkresse im Freien erst aussäen, wenn die Temperaturen nicht mehr unter Null sinken, also erst nach den Eisheiligen, Mitte Mai. Die Liste der vitalstoffreichsten Pflanzen der Welt wird übrigens von der Brunnenkresse angeführt. In ihr sind 17 Nährstoffe in höchster Dichte enthalten. Wichtig: Kresse muss frisch sein. Sobald sie von der Wurzel getrennt ist, baut sie ihre Vitalstoffe innerhalb von 30 bis 40 Minuten fast vollständig ab. Kresse auch nicht erhitzen, sie verliert an Wirkung und kann einen bitteren Geschmack entwickeln. Als Heilkraut mit exzellenter Mischung an Vitaminen (C, Folsäure), Mineralstoffen (Eisen, Kalzium) und Spurenelementen (Jod) unterstützt sie den gesamten Organismus. Zudem wirken ihre Senföle antibakteriell.

Das typische, herb-würzige Aroma von **Dille**, das an Anis und Kümmel erinnert, passt besonders gut zu Gurken und Fisch, zu Kartoffeln und Fenchel. Sie verfeinert Marinaden, deftige Suppen, Risotto und Eintöpfe. Viel Dille soll die Verdauung erleichtern. Ihr Name kommt wahrscheinlich vom altnordischen „dilla", was „beruhigen" oder „beschwichtigen" bedeutet. Damit Dille am Balkon gut gedeiht, besser in einem Kübel anbauen, da ihre Wurzeln Tiefe brauchen. Dazu beliebig Salat, Karotten oder Gurken setzen, denn Dille als Nachbar fördert ihr Wachstum.

Basilikum soll man schon dem Paradeiser zuliebe pflanzen. Seine zart-würzige Schärfe hebt das Tomatenaroma ganz ausgezeichnet. Unverzichtbar ist es für Pestos (siehe Seite 17f.). Es gilt seit Langem als natürliches Antidepressivum und es hilft bei Kopfschmerzen. Basilikum lässt sich übrigens toll mit Stecklingen vermehren. Ein kleines Stämmchen abschneiden, in ein Glas Wasser stellen, bis es Wurzeln schlägt, und dann wieder einpflanzen. Basilikum braucht einen großen Topf, um sich ausbreiten zu können.

Oregano oder **Majoran**, was ist der Unterschied? Oregano ist eigentlich der wilde Majoran, er schmeckt herber und intensiver, ist zweijährig, wächst langsamer und seine Blätter sind leicht behaart. Er würzt vor allem mediterrane Gerichte. Oregano ist ein Muss für viele Nudelsaucen und für Pizza, er schmeckt zu Schafskäse und in Salaten. Auch im getrockneten Zustand bleibt die Würze bestehen, wenn er aromageschützt aufbewahrt wird. Den einjährigen Majoran nennt man auch Wurstkraut. Sein milderes, würzig-süßliches Aroma verfeinert Eintöpfe, Kartoffel- und Fleischgerichte, vor allem Faschiertes. Seine Blätter sind glatt und er wächst schneller. Beide Kräuter wirken entkrampfend, haben sich bei Verdauungsproblemen und Blähungen bewährt und sollen den Appetit anregen.

Rosmarin ist ein typisches mediterranes, kräftig duftendes Kraut. Sein Name bedeutet übersetzt „Tau des Meeres". Rosmarin enthält Campher, Harz sowie Gerb- und Bitterstoffe. Er schmeckt würzig und passt zu Fleisch- und Tomatengerichten sowie in südländische Gemüsegerichte. Besonders beliebt sind Rosmarinkartoffeln. Auch Grillgut verleiht er ein angenehmes Aroma. Stiele von großen Rosmarinpflanzen kann man wunderbar als aromagebende Grillspieße verwenden, für Gemüse, Fisch und Geflügel. Zuvor gut in Wasser einweichen, damit sie nicht verkohlen. Rosmarin steigert die Leistungsfähigkeit des Gehirns und holt den Kreislauf aus dem Keller.

Salbei ist Labsal für den Hals, gut für die Nerven und gut für Frauen in den Wechseljahren. Und er ist hoch antioxidativ, das bedeutet, er schützt die Zellen vor frühzeitiger Alterung, sowohl die Haut als auch das Haar. Sein altrömischer Name „Salvia salvatrix" bedeutet die „rettende und heilende Pflanze". Ob als Königs-, Wiesen- oder Gartensalbei, er gehört zu den wichtigsten Schätzen, welche die Pflanzenwelt unserer Heimat zu bieten hat. Salbei, das Gewürzblatt mit der silbrig-filzigen Oberfläche, ist ein Standardgewürz der mediterranen Küche. Berühmt ist „Saltimbocca", das heißt übersetzt „Spring in den Mund" und bezeichnet den italienischen Küchenklassiker aus Kalbfleisch, luftgetrocknetem Schinken und Salbeiblättern. Frisch in Butter angebraten weckt Salbei Urlaubsgefühle, und diese Aroma-Butter ist dann auch die Basis für viele Pastasaucen. Er passt zu Fleischgerichten mit Kalb, Schwein, Huhn, Leber oder Lamm, aber auch sehr gut zu Teigwaren, Fisch, Kartoffeln und Kürbis.

Thymian harmoniert mit Fleisch, Fisch, Gemüse, wunderbar zu Honig, Marmeladen und Chutneys. Bemerkenswert ist, dass das Aroma des getrockneten Thymians um ein Vielfaches intensiver ist als das des frischen Krautes. Ob frisch oder trocken, immer wird er mit der Speise mitgekocht. Als Heilpflanze wirkt er verdauungsfördernd und hilft vor allem bei Atemwegserkrankungen, bei Erkältung und Husten. Der wilde Bruder des Thymians ist übrigens der **Quendel**, eines meiner Lieblingskräuter, das bei uns hier in den Bergen ab 1200 m wächst. Quendel schmeckt etwas sanfter als Thymian. Er ist auch ein typisches Hildegard-von-Bingen-Kraut, sie empfiehlt ihn bei der Behandlung von Hautproblemen.

Beim **Bohnenkraut** ist schon der Name das Programm. Der pfefferähnliche Geschmack passt zu Fisolen- und Bohnengerichten und allen Hülsenfrüchten, die dann besser verdaut werden. Darum ist es auch gut für deftige Fische wie Karpfen, Waller, Lachs oder für Fleischgerichte wie Ente, Gans und Schwein geeignet. Ganze Zweige werden in den Topf gegeben und entfalten ihr ganzes Aroma bei längeren Kochzeiten. Zerdrückte Blätter lindern übrigens Schmerzen und Schwellungen bei Bienenstichen.

Lorbeer kann bei richtiger Pflege als Kübelpflanze uralt werden. Gut so, denn Suppen, Sauerkraut, Hülsenfrüchte, Beizen von Fisch und Fleisch und kräftige Saucen sind ohne Lorbeer undenkbar. Er wird immer mitgekocht, doch seine verdauungsfördernden balsamischen Bittermittel sind so intensiv, dass Lorbeer vor dem Essen besser entfernt wird. Ein Biss auf ein Lorbeerblatt kann die Geschmacksnerven nämlich ganz schön irritieren.

Minze schmeckt auf Desserts, zu Früchten, zu Schokolade und in Mixgetränken. Sie erfrischt Salate und junges Gemüse, da vor allem Erbsen, Karotten und Heurige. Auch Lamm und Huhn sind mit Minze kombinierbar. In erster Linie aber begeistert sie als Tee. Eine Handvoll frischer Blätter mit kochendem Wasser übergießen, kurz ziehen lassen. Pfefferminztee erfrischt, wirkt geistig anregend, kann eine Magenverstimmung schnell beruhigen und die Verdauung aktivieren. Kalter Pfefferminztee ist aufgrund seiner antiseptischen Wirkung auch ein wundervolles Mundwasser. Ein Minzezweig in der Vase hält übrigens auch Blumensträuße länger frisch und das Wasser klar, weil er antibakteriell und antibiotisch wirkt.

Melisse enthält ätherische Öle, die nach Zitronen duften und die auch Viren in Schach halten. Sie wirkt nervenberuhigend und fördert das Einschlafen. „Herztrost" nannte Hildegard von Bingen die Melisse. Sie findet überall dort Verwendung, wo auch Zitronen oder Zitronenschalen gefragt sind, etwa in Desserts, Obstsalaten und Bowlen. Die Blätter sollte man allerdings keinesfalls mitgaren und nur ein wenig zerkleinern. Ihr ätherisches Öl befindet sich nämlich in den Drüsenhaaren, es verflüchtigt sich schnell, wenn diese zerstört werden. Darum hat getrocknete Melisse eher wenig Aroma. Auch für eine Gute-Nacht- oder Anti-Stress-Teezubereitung werden viele frische Blätter benötigt, da sich das Aroma beim Überbrühen mit heißem (nicht kochendem) Wasser schnell verflüchtigt.

DIE KRAFTVOLLEN WILDKRÄUTER

BRENNNESSEL UND LÖWENZAHN – NICHT JÄTEN, ESSEN!

Obwohl sie nicht jedem zugänglich sind, möchte ich die Welt der Wildkräuter nicht unerwähnt lassen, denn nichts ist mit der Heilkraft von Pflanzen vergleichbar, die selbst entscheiden, wann und wo sie wachsen. Wenn Wildkräuter an naturnahen Orten, ohne Pflege, Düngemittel und Pflanzenschutz gedeihen, enthalten sie noch das gesamte, breite Vitalstoff-Spektrum einer ursprünglichen Wildpflanze. Ihre Nährstoffdichte ist weit höher als die von Kulturkräutern. Sie sind Überlebenskünstler, robust, lebensfroh und gratis. Jede Widrigkeit macht sie stärker, und sie übertragen ihre

beneidenswerten Eigenschaften auf den Menschen, der sie isst. Gesünder geht es nicht! Löwenzahn, Brennnessel und Bärlauch sind jene Wildkräuter, die auch für Kräuterunkundige erkennbar und leicht auffindbar sind. Ich verwende in meiner Küche alle essbaren Wildkräuter, zum Beispiel Vogelmiere, Giersch, Spitzwegerich, Brunnenkresse, Frauenmantel. Wer immer die Möglichkeit hat, sollte das auch tun.

Der **Löwenzahn** schenkt im Frühling neue Lebenskraft und hilft, den im Winter angesammelten Stoffwechselmüll auszuscheiden, d.h. er entschlackt, wirkt wohltuend auf Leber und Galle, und seine Bitterstoffe erleichtern die Fettverdauung. Im zeitigen Frühjahr, wenn man noch nicht viel anderes im Garten und in der freien Natur ernten kann, ist Löwenzahnsalat aus jungen, zarten Blättern eine unschlagbare Köstlichkeit, vor allem gemischt mit lauwarmen Kartoffelwürfeln, gebratenen Speckwürfeln, Salz, Pfeffer, Balsamico und Kürbiskernöl. Mein Tipp: Zum Abrunden eine Tasse Kresse untermischen. Wer einmal auf den Geschmack gekommen ist, wird sich über jede neue Pusteblume im eigenen Garten freuen.

Auch die **Brennnessel** ist ein vielfach unterschätztes Geschenk der Natur mit breitem Wirkspektrum für die Gesundheit. In der Volksmedizin wird die hervorragende Pflanze zur Entgiftung und Entschlackung im Rahmen von Frühjahrskuren empfohlen. Sie wirkt positiv auf den Stoffwechsel und kann Eisenmangel mit Leichtigkeit beheben. Sie schmeckt auch richtig gut. Man kann sie als Tee trinken, als Suppe oder wie Spinat essen. Ich mache auch gerne ein Brennnessel-Spinat-Pesto: 100 g Blattspinat, 50 g Brennnessel, 1 Knoblauchzehe, 50 g Sesam geröstet, 60 g grüne Oliven, 80 g Bergkäse, Salz, Pfeffer und je 100 g Oliven- und Sonnenblumenöl. Zubereitung siehe Grundrezept auf Seite 18.

Der **Bärlauch** ist mittlerweile in vielen Gärtnereien als Gartenpflanze und auf Märkten küchenfertig erhältlich. Das hat wohl den Vorteil, dass man die Blätter beim Waldspaziergang nicht mit dem giftigen Maiglöckchen verwechseln kann. Am Balkon gedeiht er schwer bis kaum. Er liebt warme, schattige, humusreiche Plätze und kann direkte Sonne auf seinen Blättern nicht leiden. Er ist ähnlich gesund wie Knoblauch, ohne allerdings den Körpergeruch zu beeinflussen. In feine Streifen geschnitten würzt er Brotaufstriche und Dips, harmoniert mit Butter, Ziegenkäse und Avocado. Er kommt in Suppen und Salaten zur Geltung, auch in Risotto. Er kann, ähnlich wie eine Krautroulade, mit Faschiertem gefüllt werden. Ein schnell gemachtes Pesto verlängert die Bärlauchsaison (siehe Rezept Seite 18).

BLUMIGER GENUSS

Auch viele bunte Blüten dienen der Gesundheit und bescheren eine Gaumenfreude der etwas anderen Art, sofern sie naturbelassen sind. Früher hat man zwischen Blüten und Kräutern auch keinen großen Unterschied gemacht, die gebackenen Holunderblüten erinnern heute noch daran. Pflücken Sie Flieder-, Holunder-, Kapuzinerkresse-, Lavendel-, Linden-, Löwenzahn- und Rosenblüten sowie Gänseblümchen, Ringelblumen und Veilchen. Sie verfeinern Salate und Suppen, bereichern Reisgerichte, Pestos, Kräuterbutter, Smoothies, Tees und Getränke.

KRÄUTERVORRÄTE FÜR DEN WINTER

TIEFKÜHLEN UND IN ÖL, SALZ ODER ZUCKER KONSERVIEREN.

Für Schnittlauch, Petersilie und Dille ist das Tiefkühlen ideal. Je schneller Kräuter nach dem Ernten eingefroren werden, desto besser ist es. Eiswürfelformen sind ideale Behälter, um Kräuter küchenfertig zu portionieren: Die geschnittenen Kräuter einfüllen, etwas Wasser zugießen und dann einfrieren. Die Kräuter können auch mit geschmolzener Butter, Leinöl oder Olivenöl abgedeckt oder mit dem Öl gemeinsam gemixt werden. Die Kräuterwürfel sollte man immer gefroren verwenden. Lässt man sie auftauen, zerstören die schmelzenden Eiskristalle die Zellwände und setzen die ätherischen Öle frei, noch bevor die Kräuter ihre Aufgabe erfüllen können.

KRÄUTER & ÖL

Speiseöle und Kräuter sind ein ideales Paar, vor allem in Pestos. Kräuter enthalten ätherische Öle und fettlösliche Aromastoffe. Speiseöle wiederum können diese leicht flüchtigen Stoffe gut aufnehmen und gewissermaßen konservieren. Man muss aber darauf achten, dass die Pflanzenteile, die man vor der Verarbeitung durchaus waschen kann, gut abgetrocknet sind, denn nasse Kräuter werden im Öl leicht schimmelig.

Pesto bedeutet übersetzt „Zerdrücktes" und wird traditionell im Mörser zubereitet. Einfacher und schneller gelingt das Zerkleinern mit der Moulinette, aber nicht zu lange bearbeiten, sonst entwickeln sich Bitterstoffe. Bei der Zubereitung sind der Kreativität kaum Grenzen gesetzt. Pesto schmeckt mit Basilikum, Bärlauch, Brennnessel, Löwenzahn, Rucola, Spinat, Petersilie, Minze, Estragon, Salbei, getrockneten Tomaten, Chili, Oliven, gegrilltem Paprika, Pinienkernen, Pistazien, Walnüssen, Mandeln, Kürbiskernen. Vertrauen Sie auf Ihre Sinne, ob ein bestimmtes Gewürz passend ist oder nicht. Geschmack und Gusto ist immer etwas, das mit uns selbst zu tun hat.

Neben Pasta kann man mit Pesto auch Suppen, Salat-Marinaden, Reis, Kartoffelpüree und Gemüse aufwerten. Es schmeckt auf Bruschetta und im Sommer toll statt Grillbutter.

Je 50 g Petersilie und Basilikum	1 Prise Meersalz oder Steinsalz nach Geschmack
½ Knoblauchzehe, zerdrückt	1 TL Gemüsesuppenpulver (macht das Pesto
100 ml Olivenöl	vollmundig – ich verwende meine GUTE SUPPE
100 ml Sonnenblumen-, Raps- oder Maiskeimöl	GEMÜSE – Rezept siehe Seite 34)
2 EL Pinienkerne, trocken geröstet	1 Hauch Zitronensaft
2 EL Parmesan	1 Msp. Zucker

Kräuter und Knoblauch in der Moulinette zerkleinern. Öl unter händischem Rühren langsam zugießen. Gehackte Pinienkerne und fein geriebenen Käse zugeben und alles zu einem sämigen Püree verrühren. Mit Salz, Gemüsesuppenpulver, Zitronensaft und einer Prise Zucker abschmecken. In Gläser füllen und mit etwas Öl beträufeln. Verschlossen dunkel und kühl lagern. Hält etwa 3 bis 4 Wochen.

Mein Bärlauch-Pesto ist vielseitig und passt gut zur heimischen Küche. Je 50 g Petersilie und Bärlauch, je 100 ml Olivenöl und beliebig Sonnenblumen-, Raps- oder Maiskeimöl, 1 TL GUTE SUPPE GEMÜSE (Bio-Gemüsewürze), 1 Prise Steinsalz nach Geschmack, 1 Hauch Zitronensaft, 1 Msp. Zucker. Zubereitung laut Grundrezept. Ich verwende es besonders gerne für Kartoffelsalat, Eierschwammerlsuppe, Polenta, zu Nudeln und Ravioli.

KRÄUTER & SALZ

Kräutersalz ist einfach herzustellen und hat den Vorteil, dass man damit meist weniger Salz verwendet und dafür ein Mehr an Geschmack bekommt. Als grober Richtwert gilt das Verhältnis 70 Prozent Salz zu 30 Prozent Kräuter. Die getrockneten Kräuter werden mit Salz gut durchgemischt, bei Bedarf gemörsert oder in einer Salzmühle vermahlen. Bei großen Mengen kann man auch eine Haushaltsmaschine verwenden. Die fertigen Salze zum Schutz ihrer Aromen am besten in Schraubdeckelgläsern luftdicht verschlossen aufbewahren.

Ich verwende in meiner Küche bevorzugt naturreines Steinsalz, das mechanisch aus dem Stein herausgeklopft wird, dadurch auch noch viele Mineralstoffe und Spurenelemente enthält und frei von Trennmitteln (E 535) und zugesetztem Jod ist.

MEIN ROTE-RÜBEN-SALZ

10 g Steinsalz werden mit 100 g fein geraffelter Roter Rübe, den Zesten von einer Bio-Orange und dem Mark von einer Vanilleschote vermischt. Die Mischung auf einem mit Backpapier ausgelegten Blech dünn verteilen und im Backofen bei 50 °C Umluft sehr gut durchtrocknen lassen. Die getrocknete Mischung in der Moulinette mahlen. Erst abfüllen, wenn das Salz völlig trocken ist. Oder: Die Rote Rübe fein blättrig schneiden, im Backofen trocknen und dann mit den übrigen Zutaten in der Moulinette fein mahlen.

Am liebsten esse ich das Rote-Rüben-Salz auf frischem Brot mit Butter, Ziegenfrischkäse oder Olivenöl. Hervorragend harmoniert es mit Salaten, Eiergerichten, Saucen, Fisch, Tofu- und Sojagerichten, Eintöpfen, Aufläufen, Pürees, Gemüse, Dips, Käse und Aufstrich.

MEIN CHILI-ZITRONEN-SALZ

100 g Steinsalz, Zesten von 2 Bio-Zitronen und 3 EL Zitronensaft mischen und im Backofen trocknen. Erst dann 1 EL Chiliflocken, 1 Prise Kardamom und 1 EL Koriandersamen, trocken geröstet und gemörsert, zufügen.

Es eignet sich besonders für helles Fleisch, Carpaccio, Fisch, Meeresfrüchte, Tatar, Gemüse und Dressings. Es harmoniert ausgezeichnet mit asiatischen und orientalischen Speisen und ist auch eine gute aromatische Alternative, falls einmal die Zitronen ausgehen.

KRÄUTER & ZUCKER

Auch Zucker ist ein guter Geschmacksträger. Jeder kennt das vom Vanillezucker. Für Kräuter und Blüten (Veilchen, Rosen, Lavendel, Holunderblüten) empfiehlt sich ein Mischverhältnis von 1:1. Also einen Teil Zucker mit einem Teil Kräuter im Mörser zerstoßen, auf Backpapier gut durchtrocknen lassen und in einer Kaffeemühle oder einem Blender fein mahlen. Grobe Teile, etwa von Lavendelblüten, vor dem Mahlen aussieben. Pfefferminzzucker ist ein Klassiker für Tee, Cocktails wie Caipirinha, Kompotte, Desserts, Eis und er aromatisiert Schokolade- und Zuckerglasuren. Ein kalter Kakao mit Minzzucker ist im Sommer ein Gedicht. Ein Minzezweig im Kochwasser von Kohl neutralisiert den Kohlgeruch. Für einen „Halszucker" in der Hustenzeit eignen sich Thymian, Salbei, Malve, Quendel, Anis, Fenchel, Angelikawurzel, Eibischwurzel und Ingwer. Angelika- und Eibischwurzel bekommt man in der Apotheke.

MEIN JAHRESTEE

Für mich persönlich ist dieser Tee etwas ganz Besonderes.

Ich sammle und trockne dazu vom Frühling bis in den Herbst hinein die vielfältigsten Kräuter im Garten und beim Spazierengehen (z.B. Schlüsselblume, Löwenzahn, Spitzwegerich, Brennnessel, Holunderblüten, Lindenblüten, Ringelblume, Rosenblätter, Johanniskraut, Kamille, Himbeer- und Brombeerblätter, Apfelstücke, Sanddorn ...). Im Herbst werden sie dann zum Jahrestee gemischt. Er spiegelt den Jahreskreis der Natur wider und vereint die Heilkraft aller Kräuter in nur einer Tasse. Ich trinke ihn im Winter gerne mit einer Prise Zimt, Nelke, Ingwer, Vanille und Honig.

Tipp: Kräuterzubereitungen aus eigener Hausmanufaktur sind immer auch eine liebevolle Geschenkidee.

GEWÜRZE SIND MEINE LEIDENSCHAFT

DIE GESUNDE WELT DER SAMEN, KNOSPEN, BLÜTEN,
FRÜCHTE, WURZELN UND RINDEN.

Die ganze Welt ist Duft, und für mich gibt es kaum etwas Schöneres, als neue Aromen zu entdecken, sie auseinanderzuhalten und sie zu vereinen, wie ein Musikstück, das man komponiert.

Nicht jede Speise verlangt nach dreizehn Gewürzen, wie sie etwa in gutem Curry-Pulver vermahlen werden. Doch das eine oder andere Gewürz mehr in den heimischen Küchen ist gewiss ein Gewinn; und ich meine damit nicht nur die Würze und den Geschmack. Gewürze schützen uns und auch die Speisen. Mit hoher Nährstoffdichte und ätherischen Ölen wirken sie entzündungshemmend, unterstützen den Stoffwechsel, beeinflussen den Blutzuckerspiegel positiv, erhöhen den Speichelfluss und fördern die Magensaftproduktion. Viele wirken antioxidativ, antiviral, antibakteriell und pilzbekämpfend.

Es ist erwiesen, dass Nahrungsmittel, die mit Zimt, Nelken, Oregano, Thymian, Chili oder Knoblauch gewürzt werden, vor schädlichen Bakterien länger geschützt sind. Je mehr Schärfe eine Speise aufweist, umso haltbarer und keimärmer bleibt sie.

Generell gilt: Der antibiotische Effekt ist umso größer, je mehr Gewürze kombiniert werden. Und damit wären wir bei meinen Gewürzmischungen. In Mischungen hat jedes Gewürz nicht nur eine besondere Aufgabe, sie unterstützen sich auch gegenseitig und verstärken dadurch die Gesamtwirkung. Es ist bekannt, dass Ingwer und Knoblauch oder Kurkuma und Ingwer ein Vielfaches stärker auf unsere Gesundheit einwirken, wenn man sie zusammen verwendet.

Wenn man mehrere Gewürze ohne großen Aufwand, in optimaler und gleichbleibender Abstimmung verwenden möchte, sind Gewürzmischungen eine bequeme und praktische Lösung. Ich verwende heute mehr als zwanzig Gewürzmischungen in meiner Küche, die ich alle selbst gemischt und abgestimmt habe. Sie sind Teil meines „Lebenswerks". Das Verfeinern und Optimieren war ein sehr aufwendiger, jahrelanger und vor allem liebevoller Prozess.

Da meine Gewürzmischungen ein wesentlicher Teil meiner Geschmackserlebnisse sind und in den nachfolgenden Rezepten immer wieder vorkommen, will ich Ihnen die Zutaten meiner Lieblingsgewürze aufschlüsseln. Vielleicht wollen Sie die Zutaten ja einzeln kaufen und lieber nach eigenem Gusto mischen. Zudem gibt es auch viele vergleichbare Gewürzmischungen von anderen Anbietern oder Marken zu kaufen.

MEIN BAUERNGARTENSALZ

In ihm steckt, was in der Regel in jedem Garten wächst: **Schnittlauch, Basilikum, Thymian, Petersilie, Majoran** – aber auch **Ringelblumen** und **Rosenblüten**. Alles ist so fein vermahlen und geschmacklich abgerundet, dass man damit jedes „normale" Salz ersetzen kann. Nach dem Motto: Salzen mit Gesundheitsplus.

MEIN FEINES KRÄUTERGEWÜRZ

Es hat einen hohen Kräuteranteil, denn hier steht nicht das Salzen, sondern das Würzen im Vordergrund. **Bunter Pfeffer, Rosa Beeren** und **Zitrone** vereinen sich mit **Petersilie, Thymian, Basilikum, Rosmarin** und **Estragon** zu einem Aromenspiel, das alle vegetarischen Gerichte, Käse, Aufstriche, Dips, Chutneys, Salate, Tofu-, Soja-, Eier- und Nudelgerichte aufwertet. Die Kräuter werden nur grob gemahlen, um die Würzaromen zu erhalten. Wichtig ist es daher, dass man das Kräutergewürz beim Würzen noch zwischen den Fingern verreibt, um möglichst viele ätherische Öle freizusetzen.

MEIN GRILLPARTY-GEWÜRZ

Ich mag diese Mischung ganz besonders, weil sie neben dem Geschmack ein wunderbares mediterranes Flair verbreitet. Immer erinnert sie mich an Urlaub und Lebensfreude. Herrlich, wie **verschiedene Pfeffersorten** mit **Koriander, Kümmel, Piment, Thymian, Majoran, Bockshornklee, Kurkuma, Paprika, Knoblauch, Rosmarin, Estragon, Petersilie** und **Zitronen** den Duft der Mittelmeerländer in die Speisen zaubern. Ich verwende es zum Marinieren und Würzen von Rind, Schwein, Kalb, Lamm, Geflügel, Spare Ribs, Faschiertem, Hackbraten, Tapas, Tortillas, Chili con Carne, Kebab, Kartoffeln, Gemüse, Mais, Dips, Chutneys und Saucen.

MEIN BUNTER BERGPFEFFER

Er besteht aus einer erlesenen Pfeffervariation, weil Pfeffer nicht gleich Pfeffer ist. Es gibt ihn in unterschiedlichen Farben, Formen, Reife- und Schärfegraden. **Szechuanpfeffer,** auch **Bergpfeffer** genannt, verleiht dieser Mischung aus **schwarzen, weißen** und **grünen Pfefferkörnern** sowie **Rosa Beeren** durch seinen zitronigen Geschmack eine ganz besondere Frische. Darum passt er auch wunderbar zu Obst und Schokolade. Da gemahlener Pfeffer viel zu schnell an Geschmack verliert, ist diese vollaromatische Pfeffermischung geschrotet, nicht zu grob und nicht zu fein. Ich verwende sie in meiner Küche so wie sie ist, wer es lieber feiner mag, kann sie kurz vor dem Genuss noch im Mörser vermahlen.

MEIN MEDITERRANES GEWÜRZ

Da ist getrocknetes Gemüse drinnen! Nichts kann den Geschmack von Tomaten besser intensivieren als **getrocknete Tomaten**. Sie werden mit **rotem** und **grünem Paprika, Zwiebel** und **Basilikum** erfrischt. **Oregano, Chili, Koriander, Rosmarin, Thymian, Pfeffer** und **Salz** sorgen für einen besonders pfiffigen Gemüse-Kräuter-Gaumenklang. Ich liebe dieses Gewürz für alle Speisen der italienischen Küche: Pizza, Pasta, Gnocchi, Bruschetta, Minestrone, Tomatengerichte, Risotto, Meeresfrüchte, Salate und vieles mehr.

MEIN ORIENTALISCHES GEWÜRZ „HABIBI"

Das ist ein Gewürz, das nicht nur den Gaumen, sondern auch die Fantasie beflügelt. Habibi ist ein arabischer Name, der mit „mein Geliebter" oder „Liebling" übersetzt werden kann. In dieser Mischung steckt nicht nur der Zauber des Orients, sondern vor allem Sinnlichkeit, Geborgenheit, Zärtlichkeit und Verführung. Getragen von der **Kurkumawurzel**, die in Asien als Allheilmittel für nahezu alle Volkskrankheiten gilt, aber auch als Aphrodisiakum eingesetzt wird, enthält diese prächtige Symphonie **22 verschiedene Gewürze**, komponiert wie ein edles Parfum. Von pikant bis fruchtig, mit einem ganz zarten Vanille-Nachklang. Wie in der Ayurveda-Heilkunde üblich, sind hier alle sechs Geschmacksrichtungen vereint: scharf, bitter, sauer, salzig, herb und süß. HABIBI würzt Hummus, Lamm, Rind, Geflügel, Couscous, Faschiertes, Gemüse-, Getreide-, Kartoffel- und Reisgerichte, Teigwaren, Suppen, Saucen, Fisch, Aufstriche, Tofu- und Sojagerichte, Dips, Chutneys und Lassis; das sind pikante oder süße Getränke auf Joghurtbasis.

MEIN AYURVEDISCHES MASALA

Das liebe ich schon, seit ich den thailändischen König bekocht habe. In Indien habe ich die einzigartigen Aromen und Geheimnisse der zahllosen Gewürze des Orients genauer ergründet. **Bockshornklee**, ein jahrtausendealtes ayurvedisches Heilmittel, bildet die Basis dieser Gewürzmischung. Die in Bockshornklee enthaltenen Schleimstoffe quellen bei Kontakt mit Flüssigkeit stark auf und bilden eine viskose, also zähe, dickflüssige Masse, die sich wie ein Schutzmantel um Hals, Magen und Darm legt, vor Erregern schützt und Säuren bindet. Er ist eine Wohltat für einen geplagten, übersäuerten Magen. Harmonisch umspielt wird Bockshornklee mit zitronigem **Szechuanpfeffer, Koriander, Ingwer, Kreuzkümmel, Kardamom, Pfeffer** und **Steinsalz**. Damit werden nicht nur Currys zum orientalischen Erlebnis, sondern auch Getreide-, Kartoffel-, Tofu- und Reisgerichte, ebenso Suppen, Saucen, Fisch und Lassis. Für ein schnelles orientalisches Erlebnis einfach eine Eierspeise zum Masala-Omlette würzen.

MEIN ELEGANTES FLEISCHGEWÜRZ

Mein Geheimnis dabei ist das himmlische Zitronenaroma der **Zitronenmyrte**. Wer schon einmal in Australien war, kennt diese besondere, stimmungsaufhellende Zitrus-Eukalyptus-Note, die ebendort ein Nationalgewürz ist. Der Gebrauch der Blätter geht übrigens auf die Aborigines zurück, die die Pflanze sowohl zum Würzen als auch zum Heilen nutzen. Hinzu gesellt sich der vertraute Geschmack von **weißem Pfeffer, Rosa Beeren, Koriander, Piment, Kümmel, Lorbeer, Nelke** und **Salz**. Es ist mein Lieblingsgewürz zum Braten, Grillen, Schmoren, Dämpfen, Dünsten und Kochen von Rind, Kalb, Schwein, Lamm, Kaninchen, Pute, Huhn, Innereien, Pasteten, Faschiertem, Füllungen, Thunfisch, Lachs und Tofu.

MEIN FISCHGEWÜRZ

Dabei war mir eine subtile Kräuternote wichtig, die mit allen See- und Meeresfischen und auch Meeresfrüchten harmoniert, nicht zu dominant ist und dadurch auch helles Fleisch und Geflügel, Gemüse, Salate, Teig- und Getreidewaren, Hülsenfrüchte, Tofu- und Sojagerichte ergänzt. Mit **schwarzen, weißen, grünen Pfefferkörnern, Thymian, Petersilie, Rosa Beeren, Rosmarin, Estragon, Knoblauch, Salz, Traubenzucker** und **Zitronenextrakt**.

MEINE SÜSSE KÜCHE

Hier habe ich **Zimt, Piment, Gewürznelke, Sternanis, Bourbonvanille** und **Zucker** vereint. Vor allem Zimt sollte man nicht nur zu Weihnachten, sondern so oft wie möglich verwenden, weil er den Zuckerstoffwechsel positiv beeinflusst. Auch Piment, Nelken und Sternanis sind potente Gewürze, die süße Sünden gesundheitlich ein wenig „entschärfen" können. Eine Prise SÜSSE KÜCHE ist daher immer eine gute Idee, vom Morgen-Müsli, Kaffee, Tee oder Kakao über Obst- und Fruchtspeisen, Milch- und Topfenspeisen, Nüsse, Strudeln, Kuchen, Blechkuchen, süße Knödel, Torten, Mehlspeisen, Soufflés, Muffins, Pofesen, Puddings, Aufläufe, Waffeln, Scheiterhaufen, Palatschinken bis hin zu Marmeladen, Eis, Parfaits und Mousse.

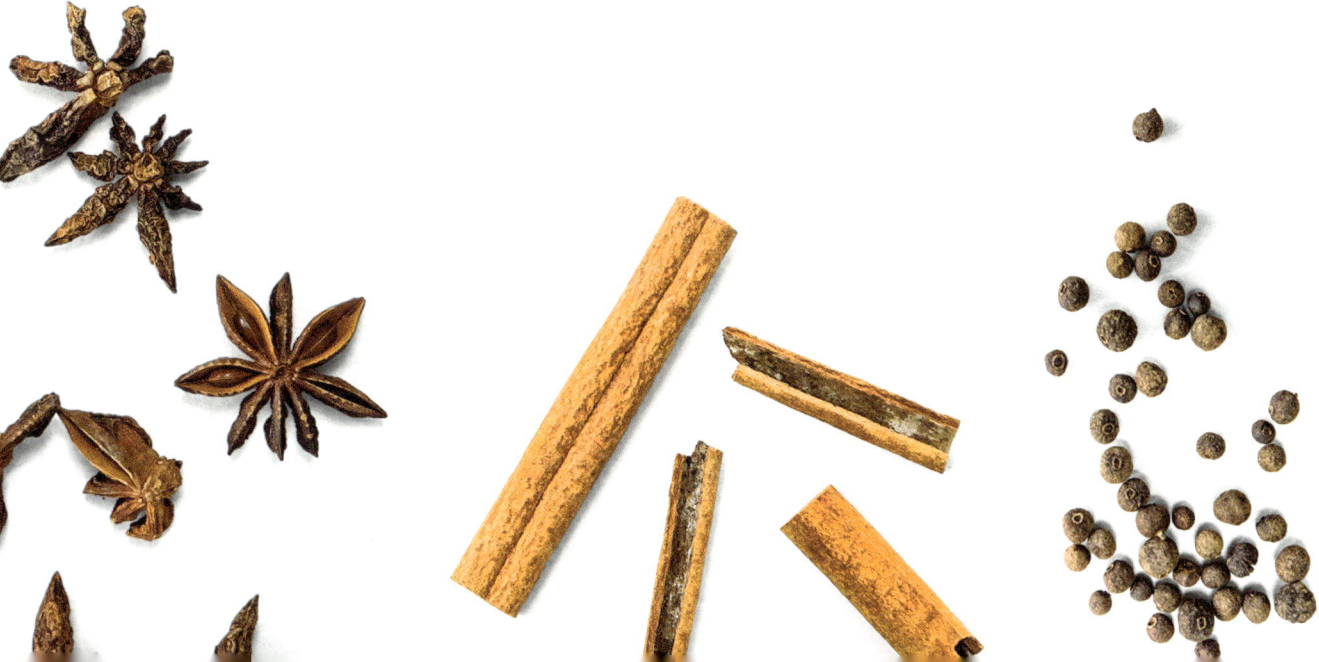

OBST UND GEMÜSE

DIE NÄHRSTOFFREICHEN REIFE- UND GENUSSZEITEN

GUTES ESSEN WÄCHST VOR DER HAUSTÜRE

DIE NATUR WEISS, WARUM SIE UNS RADIESCHEN
IM FRÜHLING UND KOHL FÜR DEN WINTER SCHENKT.

Ich habe mich in all den Jahren von unzähligen Rezepten und Zubereitungsarten aus den unterschiedlichsten Küchenkulturen der Welt inspirieren lassen. Auch, weil Ernährungs- und Genusstrends mittlerweile so schnell wechseln wie die Mode und man in der Spitzengastronomie immer wieder Neues erwartet, denn der genießerische Gaumen langweilt sich nur ungern.

Eine gesunde Küche kann und soll auch weltoffen sein und sich von fremden Kulturen befruchten lassen. Man lernt nie aus. Kochen ist nie zu Ende. Es war und ist mir immer wichtig, all die Trends und Strömungen so gut wie möglich mit unseren heimischen Lebensmitteln zu kombinieren und mit unseren Essgewohnheiten in Einklang zu bringen.

Bedenkt man die unterschiedlichen Kulturen und die andersartigen natürlichen Voraussetzungen wie Klima und Pflanzenarten, so wird klar, dass regionale Lebensmittel für unser Wohlbefinden am zuträglichsten sind und meistens auch regionales Wissen eigene Probleme am besten löst.

Heute sind fast alle Lebensmittel ganzjährig im Supermarkt verfügbar. Irgendwo ist immer Sommer. Irgendwo wachsen immer Erdbeeren. Wir wissen nicht, ob sie jemals die Sonne gesehen haben, wie sie herangewachsen sind und womit sie transport- und länger lagerfähig gemacht wurden. Unsere Essgewohnheiten orientieren sich kaum mehr am Jahreskreis. Das verlockende Ganzjahresangebot im Supermarkt lässt uns die tatsächlichen Saisonen von Obst und Gemüse immer mehr vergessen. Der Körper bekommt dadurch nicht immer den Impuls und die Unterstützung, die er braucht, um gut zu funktionieren.

Im Frühling wachsen vorwiegend entschlackende, basische Lebensmittel, die den Körper von Stoffwechselrückständen befreien, den Säure-Basen-Haushalt harmonisieren, die Lebensfreude wecken und die Frühjahrsmüdigkeit vertreiben. Etwa der Löwenzahn, die Brennnessel, Spinat, Lauch und Radieschen. Der Sommer bietet uns vorwiegend Kühlendes, der Herbst reichlich Aufbauendes und für den Winter offenbart uns die Natur gut Lagerfähiges, das innerlich wärmt und uns vor Erkältungen schützen soll. Nehmen wir nur Kohl, Kraut und Brokkoli: Ist es nicht erstaunlich, dass sie ihren Vitamin-C-Gehalt erhöhen, sobald man sie kocht? In der Regel ist Vitamin C ja hitzeempfindlich. Die Kohlfamilie aber enthält Ascorbigen, eine Vorstufe der Ascorbinsäure. Beim Kochen wird dieses gespalten und Vitamin C freigesetzt. Das ist für mich die Magie der Natur. In Ernährungsfragen ist der Kreislauf der Natur unser bester Ratgeber. Sie unterstützt die Bedürfnisse des Körpers optimal, spendet Energie und schützt so unsere Gesundheit. Hinzu kommt, dass jede Jahreszeit ihren eigenen Geschmack, ihre ganz eigenen Farben, Düfte, Aromen und Stimmungen hat. Insofern wirkt unser Essen immer auch auf die Psyche und unsere Sinne.

DER OBST-KALENDER

Den Frühling läutet im April der erfrischende **Rhabarber** ein, der eigentlich ein Gemüse und keine Frucht ist. Da seine fruchtige Säure aber bevorzugt für Kompotte und Kuchen verwendet wird, darf er sich im Obstkalender an die erste Stelle reihen. Die Natur hat ihn für eine entschlackende, abführende Frühjahrskur gedacht. Genießbar sind nur seine Stangen und nur von April bis Mitte Juni. Seine Blätter sind Kalziumräuber, ihre Oxalsäure kann den Knochen schaden, die Schleimhäute reizen und die Nierensteinbildung fördern. Sie gehören in den Kompost oder Bio-Müll. Je jünger geerntet, desto milder ist sein Geschmack. Da die Stangen an Faserigkeit und Säure mit dem Wachstum zunehmen, warnt uns der Rhabarber selbst vor einem Zuviel. Rhabarber wird gerne mit Milchprodukten wie Topfen, Eis, Pudding oder Milchreis gegessen, das schafft auch den vorsorglichen Kalziumausgleich. Zimt oder Vanille verfeinern seinen Geschmack. Er lässt sich gut tiefkühlen, als Kompott oder roh und klein geschnitten. Zum Backen ist er dann nicht mehr geeignet, weil er zu wässrig wird. Umso mehr eignet er sich als aromatische Beigabe zu Marmeladen, er geliert wunderbar, besonders köstlich mit Erdbeeren. Süßen sollte man ihn erst nach dem Kochen und Abkühlen, da Säure mit Wärme intensiver schmeckt. Auch etwas Zitronensaft oder Wein bindet seine Säure. Fast schon lieblich schmeckt er mit Rosinen oder, statt in Wasser, in Orangen- oder Traubensaft gekocht.

Erdbeeren reifen, abhängig von Sorten, Wetter und Boden, von Mai bis Ende August. Wenn Erdbeeren um Wochen früher als von der Natur gedacht auf den Markt kommen, sind sie auf ganzen Landstrichen unter der Folie gelegen, vielfach abgehärtet mit Pflanzenschutzmitteln, um Schimmelbildung zu vermeiden. Beim Versuch, Kulturerdbeeren haltbarer zu machen, ist zudem viel Geschmack verloren gegangen. Wer die bis zu 300 Erdbeeraromen in seiner ganzen Fülle erleben will, pflanzt nach Möglichkeit selbst alte Sorten wie die „Mieze Schindler" oder fährt auf ein Erdbeerfeld, das nach ökologischen Richtlinien bewirtschaftet wird. Am besten schmecken Erdbeeren tagesfrisch, denn sie verlieren relativ schnell ihr Aroma. Im Kühlschrank halten sie zwei bis drei Tage, tiefgekühlt zehn Monate. Es sind ihre in der Haut integrierten kleinen gelben Samen, die die Erdbeeren aphrodisisch machen. Sie enthalten Zink, das für die Bildung des Testosterons zuständig ist und die weibliche Libido ankurbeln soll.

Himbeeren sind von Mitte Juni bis in den Oktober erhältlich, weil es Sommer- und Herbstsorten gibt. Sie enthalten trotz ihrer intensiven Süße relativ wenig Fruchtzucker. Die uralte vitalstofffreiche Heilfrucht wurde schon in den Klostergärten geschätzt. Möglichst viel und möglichst frisch soll man sie essen, so Hildegard von Bingen, denn Gesunden wie Kranken könnten sie mehr nützen als schaden. Junge Himbeerblätter waren früher Teil des wichtigen Haustees (siehe auch Brombeeren). Himbeeren, vor allem ihre Blätter, sind die Verbündeten der Frauen. Sie sollen Schwangerschaft, Geburt und auch Wechseljahre erleichtern, da sie ähnlich wie das weibliche Hormon Östrogen wirken und reich an Kalzium sind.

Johannisbeeren reifen rund um den Johannistag, dem 24. Juni, die süß-sauren roten und die milden weißen etwas früher als die schwarzen. Schwarze Johannisbeeren zählen zu den wertvollsten heimischen Beerenarten. Schon eine Handvoll deckt den täglichen Vitamin-C-Bedarf und sie wehren zellschädigende Stoffe ab. Bluthochdruckgeplagte profitieren von reichlich Kalium. In der Volksheilkunde sind sie die erste Wahl bei Husten und Heiserkeit. In der Küche sind es vor allem die roten Beeren, mit denen Gelees, Säfte und Marmeladen besonders gut gelingen, dank ihres hohen Pektin- und Säuregehalts.

Im Juni sind auch die **Kirschen** reif. Süßkirschen eröffnen die Saison, die noch gesünderen Sauerkirschen reifen etwas später. Kirschen stärken das Bindegewebe und das Zahnfleisch, sie gelten zudem als Sportlerfrucht, weil sie dem Muskelkater entgegenwirken. Verantwortlich dafür ist der rote, entzündungshemmende Farbstoff, der auch im Saft enthalten ist. Sauerkirschen fördern einen guten Schlaf. Sie sind die beste natürliche Quelle für das Schlafhormon Melatonin.

Erdbeeren und Kirschen werden von der rosigen **Marille** abgelöst. Für viele ist sie der Inbegriff des Sommers. Das Beta-Carotin der Marillen erhöht den hauteigenen Schutz vor Sonnenstrahlen. Da Beta-Carotin fettlöslich ist, sollte man nach Möglichkeit zu Marillen immer ein paar Nüsse, etwa Mandeln, knabbern. Marillen gleichen den Kalium-Verlust bei schweißtreibenden Temperaturen aus, ihre aromatische Süße spendet Energie und hebt die Laune. Reichlich Eisen ist auch noch darin enthalten – für Frauen extra wichtig. Zur Marille gesellen sich nun auch zuckersaftige **Pfirsiche** und **Nektarinen**.

Auch sonst gibt es ab Juli frisches Obst im Überfluss. „Die **Heidelbeere** schließt dem Arzt die Tür" lautet ein altes Sprichwort. Die blauen Gesundheitswunder verhelfen zwar nicht zum ewigen Leben, aber sie können uns länger jung und gesünder erhalten. Ihre sekundären Pflanzenstoffe stoppen reaktionsfreudige Moleküle, die Zellen schädigen und damit an Alterungsprozessen sowie entzündlichen Vorgängen beteiligt sind.

Jetzt erreicht auch mein geliebter **Klarapfel** die Pflück- und Genussreife. Er eignet sich besonders gut zur Herstellung von Apfelmus, welches beim Kochen hell bleibt und nicht braun wird. Auch Gravensteiner und James Grieve sind Sommeräpfel. Zu den Herbstsorten zählen Elstar, Lobo und Cox Orange. Im Winter können unter anderem Jonagold, Golden Delicious, Gloster, Jonathan, Kronprinz Rudolf, Idared und der von mir sehr geschätzte Boskoop den Kenner erfreuen. Gravensteiner und Boskoop sind Äpfel, die erst beim Kochen ihr volles Aroma entfalten, für Strudel und Desserts einfach ideal.

Birnen haben einen ähnlichen Ernährungswert wie Äpfel, jedoch viel weniger Fruchtsäure. Sie sind der Körperbalsam unter den Früchten und für säureempfindliche Menschen besonders bekömmlich. Sie sorgen für eine gute Säure-Basen-Balance. Ihr natürlicher Fruchtzuckergehalt ist fast so hoch wie bei Bananen, sie stimmen positiv und sind rasche Energiespender. Birnen oder Birnensaft sind exquisite Käsebegleiter, vor allem mit Roquefort sind sie ein Hochgenuss. Gedörrt werden Birnen zu Kletzen und damit zur kulinarischen Besonderheit. Das süße Kletzenbrot zählt zu den ältesten Backwaren Österreichs. Hauchdünn geschnitten begleiten Kletzen gerne Rauch- und Selchfleischspezialitäten.

Im Spätsommer reifen die blauschwarzen **Brombeeren** heran. In der Heilkunde beginnt die Brombeerzeit allerdings schon zur beginnenden Blüte, da werden die Blätter geerntet. Traditionelle Haustees bestanden früher zu 50 Prozent aus Brombeer- und Himbeerblättern, die beliebig oder nach Bedarf mit anderen Kräutern gemischt wurden. Brombeerblätter wurden aber auch als Ersatz für Schwarztee fermentiert. Die reifen Früchte unterstützen Herz, Kreislauf und die Sehkraft. Von allen Beeren hat die Brombeere den höchsten Gehalt an Ellagsäure, der krebshemmende Eigenschaften nachgesagt werden.

Holunderbeeren waren den Menschen ein so wichtiges Heilmittel, dass man früher im Vorbeigehen dreimal den Hut vor einem Holunderstrauch zog. Er galt als Heil- und heilige Pflanze. Die Beeren sind roh ungenießbar. Gekocht als Kompott, Saft oder wie Powidl als einreduzierte Marmelade gelten sie als blutreinigend, entzündungshemmend, harntreibend, krampflösend, milchbildend, pilztötend, schleimlösend und schweißtreibend. Aus dem Saft wurde früher unter Zugabe von etwas Alkohol übrigens auch Tinte hergestellt.

Knackige, saftig-süße **Weintrauben** haben von Ende August bis Oktober Saison. Jede Perle ist eine Energie-Pille, fördert die Verdauung und bindet Fettstoffe. Darum sollte zu jedem deftigen Herbstbraten eine Schale mit Tafeltrauben auf dem Tisch stehen. Sie schmecken zu Käse, in Obstsalaten, auf Kuchen und Desserts, überzeugen aber auch in pikanten Gerichten, etwa in Kombination mit Sauerkraut, als Beilage zu Wild, in würzigen Saucen oder in Herbstsalaten. Die Rückstände aus der Wein- oder Traubensaftgewinnung werden für Tresterbrand (Grappa) oder für Traubenkernöl verwertet. Auch die Weinblätter sollen erwähnt werden, die blanchiert und gefüllt so manches Genießerherz erfreuen. Die beste Zeit zum Pflücken von frischen, jungen Weinblättern liegt zwischen Ende April und Juni.

Anfang September ist Hocherntezeit der **Preiselbeere**. Sie stärkt die Immunabwehr in den Harnwegen. Durch die in ihr enthaltenen Tannine werden Keime daran gehindert, sich an der Blasenwand anzuheften. Benzoesäure verhindert das Wachstum von Bakterien, und das ist auch der Grund, warum Preiselbeerkompott so lange haltbar ist. Ihr herb-fruchtiger Geschmack verleiht süßen und pikanten Gerichten eine besondere Note. Sie harmoniert wunderbar mit Wild, Geflügel, Ziegenfrischkäse und gebackenem Camembert.

Wenn die Tage langsam wieder kürzer werden, läuft die **Zwetschke** zur Hochform auf. Von August bis Oktober kommen die Früchte frisch vom Baum. Sie sind ein zuckersüßer Segen für die Verdauung und ein schneller Energielieferant. Wie alle blau-violetten Früchte verbessert die Zwetschke das Sehen, wirkt entzündungshemmend und gefäßschützend. Getrocknet sollte man sie das ganze Jahr über genießen. Sie fördert gesunde Darmbakterien und optimiert die Balance im Darm, in unserem Zentrum der Gesundheit.

DER SOMMER IM GLAS

Das Einkochen von ausgereiften Sommerfrüchten ist ein sinnliches Vergnügen und viel einfacher und schneller als gedacht. Viel Frucht und wenig Zucker, das ist mir dabei wichtig.

Für meine Marmeladen verwende ich auf 1 kg Frucht 250 g Rohrzucker, 15 g Apfelpektin und Zitronensaft nach Geschmack, dazu beliebige Aromen, wie nachfolgend beschrieben. Die gereinigten Früchte mit dem Apfelpektin und dem Zucker sowie mit beliebigen Aromen kalt vermischen, aufkochen und auf kleiner Flamme etwa 5 Minuten unter Rühren köcheln lassen. Danach mit einem Stabmixer mixen, Gelierprobe machen (1 EL Marmelade kurz in den Kühlschrank stellen), und wenn die Konsistenz passt, die Marmelade heiß und randvoll in saubere Gläser füllen und verschließen. Diese 5 Minuten oder länger auf den Kopf stellen, dann auskühlen lassen. Warum auf den Kopf stellen? Die kochend heiße Marmelade soll mögliche Keime, die sich am Rand des Glases oder innen am Deckel befinden könnten, abtöten. Das geschieht durch das Umdrehen des Glases.

MEINE LIEBLINGSMARMELADEN

Halb Erdbeere, halb Himbeere aromatisiert mit Vanillemark und Veilchenextrakt aus dem Reformhaus. Oder 750 g Himbeeren und 250 g schwarze Johannisbeeren verfeinert mit 2 Stamperl Whiskey und 1 Messerspitze geriebener Tonkabohne. Die aphrodisische Tonkabohne riecht süßlich, ein bisschen nach Vanille, und schmeckt leicht bitter. Marillenmarmelade aromatisiere ich mit 1 Sternanis, 1 Teelöffel frisch gehacktem Ingwer und etwas Vanillemark. Köstlich schmeckt auch halb Preiselbeere mit halb Heidelbeere, fein gewürzt mit Vanille, Gewürznelken, Zimt und Sternanis.

Ein zauberhafter Geschmack nicht nur zu Fisch, Fleisch, Käse und Crackern oder auch zu einer deftigen Bratwurst ist meine **Fenchel-Anis-Marmelade**. Die feinen Aromen glänzen auch pur auf einem Toast oder Weißbrot. Dazu je 100 g geschälte, filetierte Limetten und Fenchel ganz klein schneiden, mit 4 Esslöffel Zucker, 1 Esslöffel Pernod und ½ Sternanis langsam köcheln lassen, bis die Konsistenz einer cremigen Marmelade erreicht ist. Pernod ist eine Spirituose aus Kräutern (Minze, Koriander, Fenchel) und Sternanis.

Tiefkühlen ist die zucker- und zeitsparende Variante, um reife Saison-Früchte für den Winter zu konservieren. Ich püriere die Früchte gerne vor dem Einfrieren, das spart im Tiefkühler auch Platz. So krönen sie Desserts, Müslis, Milchreis, Smoothies und Eis bis zur nächsten Erntesaison.

DER GEMÜSE-KALENDER

Der Wochenmarkt, welch buntes, duftendes Fest der Sinne! Allein der Anblick der Gemüsevielfalt löst ein Gefühl des Wohlbefindens, des Genusses und der Freude aus. Man kann über die Farben und Formen staunen und auch darüber, wie unterschiedlich sich Gemüse anfühlt, in der Hand und am Gaumen. Und wie es sich dann in der Küche verwandelt, von roh zu gekocht.

All diese Sinneseindrücke bewusst wahrnehmen zu können, das ist Glück, das ist Harmonie für Körper, Geist und Seele und auch Farbtherapie: Das Goldgelb der Maissuppe, das Grün der Kräutersuppe, das Rot der Tomatensauce. Farben auf dem Teller sprechen oft mehr als Worte, sie beeinflussen den Koch und auch die Menschen, die bekocht werden.

Man sollte „Gemüse" in „Genüsse" umtaufen! Das Wort „Gemüse" leitet sich von „Mus" ab, weil unsere Vorfahren Rüben, Wurzeln und Knollen so lange gekocht haben, bis sie Mus waren. In erster Linie aus hygienischen Gründen, denn Wasser kam damals noch nicht aus der Leitung. Da Gemüse im Bach nur grob geputzt wurde, wurden Bakterien durch langes Kochen abgetötet. Mit der Wasserleitung und dem Wissen, dass kurzes, sanftes Garen die Vitalstoffe und auch den Geschmack von Gemüse schont, haben sich auch die Zubereitungsarten geändert und weiterentwickelt. Bissfestes Gemüse und auch Rohkost sind eine Erfindung der Neuzeit. Selbst für Cremesuppen und Smoothies müssen wir Gemüse nicht mehr totkochen. Ein leistungsstarker Standmixer verwandelt nahezu jedes Lieblingsgemüse im Handumdrehen in flüssige Genuss-Vitamine.

Wenn im Frühling das erste Grün sprießt, mixe ich jeden Morgen einen Vitaldrink: eine Handvoll Brennnesseln, Babyspinat oder junge Mangoldblätter mit 750 ml naturtrübem Apfelsaft, zwei gewürfelten Selleriestangen und etwas frischem Ingwer mixen, durch ein Sieb passieren, dann Obst nach Belieben (Apfel, Birne, Banane) oder auch eine Avocado dazugeben und noch einmal durchmixen. Mit Honig oder Ahornsirup abschmecken, genießen und spüren, wie der Körper sich freut.

Der Frühling hat aber noch mehr an Frische zu bieten. **Radieschen** helfen dem Körper bei der Umstellung vom Winter auf das Frühjahr. Sie erfrischen die ersten Salate oder ein gutes Butterbrot. Antibakterielle Senföle machen das Radieschen scharf und schützen es so vor Mikroben und Fraßfeinden. Diese natürliche Abwehrwaffe wirkt auch im Körper. Senföle gehen vom Rachen bis in den Darm auf Jagd nach Bakterien und Pilzen. Je näher an der Sonne, desto schärfer das Radieschen. Freilandradieschen enthalten daher in der Regel mehr scharfe Senföle als Treibhausradieschen. Feuchtes Wetter nimmt ihnen Schärfe, trockenes gibt ihnen Schärfe. Sie sind auch am Balkon wuchsfreudig und in nur vier Wochen erntebereit.

Ab April wird der **Spargel** gestochen. Er entwässert, entsäuert und regt die Nierentätigkeit an. Weißer Spargel wächst unter der Erde, schmeckt mild, zart, sinnlich, saftig. Grüner und Purpurspargel wachsen in der Sonne. Sie schmecken gemüsiger und herzhafter als der weiße Spargel und müssen kaum oder nur im unteren Drittel geschält werden. Der extravagante, nussige Purpurspargel (Violetta) wird meist geröstet oder gebraten oder hauchdünn geschnitten auch roh gegessen, da er beim Kochen seine violette Farbe verliert und sich dunkelgrün färbt. Bis Mitte Juni sollte man sich mit Spargel satt gegessen haben, dann braucht er Ruhe, um sich für die nächste Saison zu regenerieren.

Im April wird auch der erste junge Freilandspinat geerntet. **Spinat** wächst schnell, man kann ihn bis zu viermal ernten und im August noch einmal für eine Oktober-Ernte aussäen. Er verbessert die Zellgesundheit und stärkt die Muskeln. **Mangold**, die erdig-herbe Spinat-Alternative, ist kein Spinat, sondern ein Verwandter der Roten Rübe. Es gibt mehrere Sorten von Blatt- und Stielmangold. Die Blätter werden wie Spinat zubereitet. Seine Stiele schmecken herzhaft spargelartig, darum nennt man sie auch den „Spargel des kleinen Mannes". Mangold soll den trägen Darm mobilisieren, die Fettverdauung unterstützen und Nervosität dämpfen.

Die bunte **Blattsalat**-Vielfalt beginnt im Mai und für alle Salate gilt: Freiland ist besser als Glashaus, denn nur wenn die zarten Blätter dem Wetter ausgesetzt sind, bauen sie mehr Schutzstoffe auf, die auch für den Körper wichtig sind. Je heißer die Tage, desto dicker das Salatblatt. Freilandsalat wächst langsamer, bildet dadurch mehr sekundäre Pflanzenstoffe aus und nimmt mehr Mineralstoffe auf. Je bitterer die Salate, desto gesünder sind sie. Der Volksmund weiß: „Bitter im Mund, Magen gesund!". Weil Bitterstoffe auch die Fettverbrennung aktivieren, sind Bittersalate ideale Begleiter zu deftigen Speisen. Wer jeden Abend eine Schüssel Kopfsalat isst, schläft besser. Sein milchiger Saft enthält nämlich Lactucerol, das man auch Salat-Opium nennt. Damit der Wirkstoff beruhigen kann, braucht er Fett, den Salat also mit Öl anmachen. Salatblätter grundsätzlich vor dem Waschen nicht zerkleinern, da sonst die wasserlöslichen Vitamine verloren gehen. Darum ganze Salatköpfe beim Einkauf bevorzugen.

Funde aus der Jungsteinzeit belegen, dass die eiweißreichen **Erbsen** zu den ältesten Kulturpflanzen der Welt zählen. Optimiert wird die biologische Wertigkeit des Erbsenproteins durch Reis, der eine Aminosäure hat, die der Erbse fehlt, wie auch die Erbse eine Aminosäure hat, die dem Reis fehlt. Gemeinsam sind sie für den Körper so wertvoll wie Molkeprotein, das bedeutet: für den Muskelaufbau viel Risipisi essen (30 Prozent Erbsen, 70 Prozent Reis).

Im Mai wird heimischer **Karfiol**, der Blumenkohl, geerntet. Aufgrund der zarten Zellstruktur ist Karfiol sehr bekömmlich und leicht verdaulich. Er eignet sich besonders zur Kranken- und Schonkost für Personen mit empfindlichem Magen.

Ab Juni wird der Gemüsemarkt immer mehr zum Fest der Sinne. **Fisolen, Spitzkraut** und die hoch-basischen **Zucchini** erweitern das Angebot. Fisolen (oder auch Gartenbohnen) helfen bei Diabetes, sie senken den Blutzucker. Ihr Arginin, eine Aminosäure, hat eine insulinähnliche Wirkung. Spitzkraut wird auch Zuckerhut oder Butterkohl genannt, es ist das feinste, zarteste und süßeste Kohlgemüse.

Die gesunde Spezialität von **Kohlrabi** ist der außergewöhnliche Phosphorgehalt, der insbesondere in den Blättern steckt. Darum soll man den Blattansatz von Kohlrabi mitessen. Phosphor sorgt zusammen mit Kalzium für die Festigkeit von Knochen und Zähnen. Wenn

Kohlrabi zu lange wächst oder man ihn länger als acht Tage lagert, kann er holzig werden. Die hellen Kohlrabi schmecken zart, violette sind würziger.

Im Juni werden auch erste Tomaten und Sommersalate wie Eisberg und Radicchio geerntet. Gurken kommen ebenso aus heimischem Anbau wie der Fenchel, der Stangensellerie, Brokkoli, Karotten, Porree, Zwiebel, Knoblauch und der knackfrische Rettich, der große Bruder des Radieschens.

Tomaten macht der Farbstoff Lycopin so gesund, er ist einer der stärksten Radikalfänger. Er schützt die Zellen und wirkt krebsvorbeugend. Lycopin geht auch beim Kochen nicht verloren, darum kann man die Lycopinzufuhr durch stark einreduzierte Tomatensaucen oder Tomatenmark intensivieren. Es ist zum Beispiel höchst sinnvoll, bei einer Grillparty zu gebratenem Fleisch vom Rost ein Glas Tomatensaft zu trinken, weil das Lycopin die schädlichen Röststoffe neutralisiert.

Da **Gurken** mehr Elektrolyte als viele Sportdrinks enthalten, sind sie der ideale Durstlöscher bei schweißtreibenden Tätigkeiten. Sie wirken zudem dicken Beinen und der „fliegenden Hitze" in den Wechseljahren entgegen und sie zählen zu den basenreichsten Gemüsesorten. Und wer kennt sie nicht, die pflegenden Gurkenscheiben im Gesicht? Äußerlich angewendet regt die Gurke den Hautstoffwechsel an.

In dem saftig-knackigen, würzigen **Stangensellerie** steckt unter anderem Biotin, das Schönheitsvitamin für Haare, Haut und Nägel. Er schmeckt hervorragend als Rohkost, im Salat oder als Smoothie, ist aber auch gekocht oder mit Käse überbacken eine Delikatesse.

Karotten isst man am besten fein zerkleinert, als Saft oder gekocht, denn das wertvolle Beta-Carotin liegt in der ganzen Pflanze von Zellulose umschlossen vor. Auf diese Weise kann es viel besser aufgenommen werden. Da Beta-Carotin hitzestabil ist, kann ihm auch das Kochen nichts anhaben. Wichtig ist etwas Fett, damit der Körper das fettlösliche Provitamin A besser aufnehmen kann.

Frischer **Knoblauch** gilt als Multimedikament zur Gesundheitsvorsorge, vor allem für Herz und Gefäße, allerdings nur, wenn man ihn regelmäßig isst. Äußerlich kann man frischen Knoblauch zur Behandlung von Pickeln oder Warzen nutzen. Eine dünne Scheibe mit einem Pflaster fixieren und über Nacht einwirken lassen. Auch die **Zwiebel** wirkt mit ihren Sulfiden antibakteriell und beugt Infekten vor. Nach dem Schälen einer Zwiebel finden sich zum Beispiel keine Bakterien mehr auf der Hornhaut der Hand. Braune Zwiebeln schmecken scharf und intensiv. Rote Zwiebeln und Schalotten sind leicht süßlich und eher mild. Weiße Zwiebeln und die noch nicht ganz reifen Frühlingszwiebeln sind saftig und mild-scharf.

Paprika haben doppelt so viel Vitamin C wie Zitronen, schon eine halbe rote Schote deckt den Tagesbedarf. Sie sollen zudem mit viel Provitamin A die Sehkraft verbessern, Muskelkater lindern und lustfördernd sein.

Im Spätsommer glänzt die dunkellila **Aubergine** auf dem Markt, ein exzellentes Grillgemüse, das, mit Kräuteröl bepinselt, jeder Wurst geschmacklich Konkurrenz macht. Zu den wichtigen Inhaltsstoffen der Aubergine gehören die Terpene, welche die Zahl und Aktivitäten der natürlichen Killerzellen im menschlichen Körper erhöhen. Zudem gehören Auberginen zu den Gemüsen mit den höchsten Gehalten an Kaffeesäure, die ebenfalls antioxidativ sowie antimikrobiell wirkt. Roh sind Auberginen nicht genießbar, denn ihr giftiges Solanin wird erst durch das Kochen zerstört.

Im September, manchmal auch schon früher, beginnt die Kürbissaison. Diese Riesenbeere lässt sich bis tief in den Winter hinein lagern. Ob Fruchtfleisch, Kerne oder Öl, der **Kürbis** strotzt bekanntlich nur so vor Vitalstoffen und Sortenvielfalt. Der Hokkaido schmeckt kräftig-süßlich, der Muskatkürbis verführt mit Muskat-Aroma und der Butternuss-Kürbis mit süßlich-nussigem Geschmack.

Gleichzeitig mit dem Kürbis macht sich auch die große nährstoffreiche **Kohlfamilie** auf den Märkten breit. Ihr Vitamin-C-Gehalt nach dem Kochen ist deutlich höher als der vieler Südfrüchte. Zerkochen sollte man Kohl trotzdem nicht, dann zerfällt das hitzeempfindliche Vitamin wieder. Grünkohl nennt man übrigens auch das vegetarische Rindfleisch, weil er ein erstklassiger Eisenlieferant ist.

Auch **Fenchel** und der **Feld-** oder **Vogerlsalat** machen den Körper mit ihrem Vitaminreichtum winterfit. Frischer Feld- oder Vogerlsalat zählt zu den gesündesten Salatsorten überhaupt, denn er überlebt den Winter und hat dadurch viele Schutzstoffe aufgebaut. Er gehört zur Familie der Baldriangewächse. Sein ätherisches Baldrianöl ist ein sekundärer Pflanzenstoff, der den typisch nussigen Geschmack ausmacht. Darum harmoniert er auch wunderbar mit Nüssen, Früchten und Käse. Er schmeckt auch zu Fleisch und geräuchertem Fisch. Saison hat er von Oktober bis Februar.

Im Oktober beginnt die Haupterntezeit für **Rote Rüben** (Rote Beete), sie unterstützen die Blutbildung und halten Arterienwände von Ablagerungen frei. Sie sind am wirkungsvollsten als Rohkost oder fermentiert.

Das letzte Wurzelgemüse wird jetzt aus der Erde geholt: **Knollensellerie, Petersilwurzel, Pastinaken. Topinambur** und **Schwarzwurzeln** können, sofern der Boden nicht gefroren ist, auch im Winter geerntet werden. Und wenn dann auch noch die uneingeschränkt gesunden **Edelkastanien** und **Nüsse** die Marktstände bereichern, ja dann machen wir es uns vorm Kamin gemütlich, dann ist Weihnachten nicht mehr weit.

GEMÜSE ZUM EINSTREUEN

Da Instant-Suppen meist Geschmacksverstärker, Konservierungsstoffe und Trennmittel enthalten, möchte ich Ihnen mein Rezept für die GUTE SUPPE GEMÜSE ans Herz legen. Wer sich dafür an einem Wochenende ein wenig Zeit nimmt, hat eine naturreine, schnelle Gemüsesuppe für Wochen stets zur Hand. Sie ist zudem eine feine Bio-Gemüsewürze für alle Suppen, Saucen, Marinaden, Salatdressings, Sugos, Pasta, Füllungen, Pasteten, Faschiertes, Pürees, Gemüse-, Getreide-, Kartoffel- und Reisgerichte, für Gemüsefüllungen sowie für Eintöpfe, Dips, Aufstriche und Frischkäse.

MEINE GUTE SUPPE GEMÜSE

Das Rezept für diese Bio-Gemüsewürze stammt von meinem Freund und Kochphilosophen Franz Webersberger. Sie ist die schnelle Alternative zur Fünf-Elemente-Suppe (siehe Seite 70).

GEMÜSEMISCHUNG/BIO-QUALITÄT	
200 g Karotten	1 EL Majoran
100 g Pastinaken	1 EL Thymian
100 g Sellerie	1 TL Rosmarin
50 g Fenchel	1 TL Estragon
50 g Lauch	1 TL Bohnenkraut
30 g Bergsalz	1 TL Oregano oder Basilikum
	1 TL Dille
KRÄUTERMISCHUNG (GETROCKNET)	1 TL Bockshornklee
2 EL Petersilienblätter	1 TL Muskatnuss, gerieben
1 EL Sellerieblätter	1 EL Tomatenflocken
1 EL Liebstöckl	50 g grobes Bergsalz

Das Wurzelgemüse zerkleinern (grob raspeln oder fein würfeln), salzen und im Backrohr bei ca. 70–80 °C mindestens 4 Stunden trocknen, die Ofentür dabei einen Spalt offen lassen. Eventuell ein paar Tage in einem warmen Raum richtig gut austrocknen lassen. Dann im Mixer fein vermahlen. Die Kräuter mischen, vermahlen und dann mit dem Salz im Mixer fein pulverisieren. Mit dem Gemüsepulver vermischen und abfüllen. Ergibt etwa 200 g. Die Mischung in ein Einmachglas füllen und gut verschließen. Hält etwa 1 Jahr.

Zur Herstellung eines klaren Gemüsefonds auf einen halben Liter Wasser einen Esslöffel GUTE SUPPE GEMÜSE geben, aufkochen und 10 Minuten lang ziehen lassen.

SO EINFACH IST FERMENTIEREN!

ALLES, WAS MAN DAZU BRAUCHT:
GEMÜSE + SALZ + WASSER.

Sauerkraut so wie früher im großen Bottich für den Wintervorrat selbst zu produzieren, ist eine Mühe, die sich kaum einer mehr machen wird. In Haushaltsmengen ist Fermentieren aber sinnvoll und keine Hexerei. Das Ergebnis ist ein hochwertiges Lebensmittel, das man in dieser Qualität nirgends kaufen kann. Weil fermentiertes Gemüse nicht erhitzt wird, bleibt der Nähr- und Vitalstoffgehalt im Vergleich zu anderen Konservierungsarten weitgehend erhalten. Roh fermentierte Lebensmittel sind zudem probiotisch, das bedeutet, sie enthalten Enzyme und aktive Milchsäurebakterien, nützliche Winzlinge, die Großes für unsere Gesundheit vollbringen. Sie sind bekömmlich, nähren die guten Bakterien des Darms und bringen dadurch Höhenflüge für die Verdauung und das Immunsystem. Diese lebendigen Bakterienkulturen sind in den handelsüblichen, pasteurisierten Nahrungsmitteln meist nicht mehr vorhanden, für einen gesunden Darm aber unerlässlich. Manche Märkte oder Hofläden bieten noch frisch vergorenes Sauerkraut an. Es schmeckt feiner, knackiger, prickelnder, lebendiger. Wann immer Sie eines bekommen können, kaufen und genießen Sie es – es ist so gesund!

Fermentation ist ein vollkommen natürlicher Prozess. Auf der Oberfläche von Obst und Gemüse sitzen jede Menge Mikroorganismen – auf Biogemüse sogar in besonderer Vielfalt. Diese winzigen Lebewesen stammen von der Pflanze selbst, aus der Erde, dem Wasser und der Luft. Beim Fermentieren geht es darum, die guten Bakterien zu erhalten und die schlechten zu hemmen. Gesunde Milchsäurebakterien leben anaerob, das heißt, sie brauchen keinen Sauerstoff – im Gegensatz zu vielen anderen unerwünschten Bakterien. Um die unguten Bakterien auszuschalten, wird unter Sauerstoffabschluss in Salzlake fermentiert. Salz produziert Säure, die das Gemüse konserviert, das Wachstum guter Bakterien fördert und die schlechten hemmt, zudem den Geschmack prägt und auch die Konsistenz des Gemüses verbessert. Es verhärtet das Pektin aus den Pflanzenzellen, sodass diese stabiler bleiben. Das Gemüse schmeckt knackiger. Bei der Produktion der Säure wird Pflanzenzucker abgebaut und das Sauergemüse wird bekömmlicher, weil der Darm diese Arbeit nicht mehr leisten muss.

Für saures Gemüse eignen sich zum Beispiel Kraut, Kohl, Karotten, Rote Rüben, Gelbe Rüben, Paprika, Kürbis, Einmachgurken, Spargel, Fisolen oder Chinakohl. Das Gemüse wird entweder klein gehobelt, in grobe Stücke geschnitten oder am Stück gelassen. Wie viel Salz man hinzufügt, ist Geschmackssache. Je weniger Salz, desto schneller fermentiert das Gemüse. Mit wenig Salz wird es allerdings nicht so knackig und es hält auch nicht so lange. Die Milchsäurebakterien gedeihen optimal bei einem Salzgehalt von zwei bis drei Prozent, das macht bei 1 kg Gemüse 20–30 Gramm Salz und entspricht ungefähr einem gehäuften Esslöffel. Da der Salzgehalt den Knackigkeitsgrad beeinflusst, ist bei den festeren Gemüsen wie beispielsweise Kraut oder Karotten zwei Prozent Salz eine gute Merkhilfe, bei weicheren Sorten wie Gurken oder Zucchini ist es ratsam mit drei Prozent zu arbeiten, damit das Gemüse nicht zu matschig wird.

Zum Fermentieren eignen sich heiß gewaschene Gläser oder Tontöpfe aller Art, nur keine Metallgefäße, weil sich Säuren und Metall nicht vertragen. Auch auf Plastikgeschmack würde ich verzichten. Spezielle Gärtöpfe sind nicht zwingend notwendig, vor allem nicht für den Erstversuch. Außerdem braucht man etwas zum Beschweren (ich nehme eine zweite, mit Wasser gefüllte Schüssel) sowie Tücher zum Abdecken.

KIMCHI –
KOREANISCHER CHINAKOHL

Dieses Rezept stammt von meinem Kochfreund Kim-Pin aus Korea. Kimchi ist das Sauerkraut der Koreaner. Es wird als probiotischer Vitamin-C-Speicher für den Winter eingemacht und gehört praktisch zu jeder Mahlzeit.

500 g Chinakohl oder Spitzkohl, Frühkraut, Weißkraut	2–3 EL Reisessig
1 EL getrockneter Chili oder 1 ganze frische Chilischote, ohne Samen	1 Mokkalöffel Ingwer, gerieben
	1 EL Lauch, fein geschnitten
3 EL Fischsauce (wenn möglich koreanische Fischsauce, die ist klar und bernsteinfarben, mit einer Konsistenz wie Essig, dadurch bleibt das Gemüse farbig schön)	¼ Knoblauchzehe
	1 kleine Birne, geraspelt
	1 gestrichener EL Salz
	300 ml Wasser

Zubereitung: So viel Salz in lauwarmem Wasser auflösen, dass ein schön salziger Geschmack erzielt wird. Abkühlen lassen. Das Gemüse (ohne Strunk) in Streifen schneiden und gut 15 Minuten oder auch länger in Salzwasser einweichen. Anschließend gut auspressen. Für die Marinade alle übrigen Zutaten mit der Fischsauce und dem Reisessig vermischen, dann mit dem Gemüse vermengen. In einen größeren Behälter geben. Damit das Gemüse nicht nach oben schwimmt und unter der Marinade stets luftdicht geschützt bleibt, wird es mit einem Krautblatt abgedeckt (dieses muss ebenfalls mit Flüssigkeit bedeckt sein) und mit einem abgekochten, passenden Stein oder einem mit Wasser gefüllten Glas oder Ähnlichem beschwert.

Bei Zimmertemperatur 1–2 Tage nur leicht abgedeckt (mit einem Tuch) angären lassen. Je wärmer es ist, desto schneller gärt das Gemüse, es schmeckt aber besser, wenn es langsam gärt. Je länger es fermentiert, desto intensiver ist der Geschmack. Dann in Einmachgläser füllen, verschließen und vor dem ersten Genuss noch 2–3 Tage im Kühlschrank reifen lassen. Gut verschlossen hält das Gemüse im Kühlschrank 2–3 Wochen.

Durch das Fermentieren entwickeln sich unwiderstehlich vielschichtige und dichte Aromen, und die zart-säuerliche Geschmacksnote jedes neuen Ansatzes ist einzigartig.

In Korea wird Kimchi zu allem gegessen, vor allem zu Reis! Kimchi und Reis gehören in Korea zusammen wie bei uns Butter und Brot. Kim-Pin hat mir zudem erzählt, dass früher in jedem Haus ein Tontopf mit Kimchi am Fenster stand, aus dem man im Vorbeigehen immer wieder ein bis zwei Löffel genascht hat. Sehr fein schmeckt Kimchi zu gebratenem oder gegrilltem Rinderfilet, aber auch zu Burger, Schweinefleisch und Geflügel. Es erfrischt wie Salat jede Jause, schmeckt zu Aufstrichen und Wurst, dekoriert feine Sülzchen, gibt Kartoffel- und Getreidesalaten eine erfrischende Note und wird gerne zu Raclette gereicht.

FERMENTIERTES JOGHURT

Weil der Geschmack unvergleichlich mild und angenehm ist, machen wir auch unser probiotisches Joghurt selbst. 1 Liter Milch auf 90 °C erhitzen, auf 30 °C abkühlen und mit 100 ml Buttermilch vermischen. In ein Gefäß geben, mit einem Tuch abdecken und 2 Tage bei Zimmertemperatur reifen lassen. Danach hält das Joghurt im Kühlschrank 3–4 Wochen.

EIN PLÄDOYER FÜR DIE KARTOFFEL

ES IST MIR EIN GROSSES ANLIEGEN, EIN LOBLIED AUF UNSEREN
ERDAPFEL ANZUSTIMMEN, DENN ER VERDIENT IN DER
GESUNDEN KÜCHE EINEN PLATZ AN DER SPITZE.

Die Kartoffel wird vielfach unterschätzt, sie
ist nicht nur ein Nahrungsmittel, sondern auch ein Heilmittel ersten Ranges, sofern sie in bio-
logisch bewirtschafteten Böden angepflanzt wird. Die Pflanze mit den weißen bis violetten
Blüten wächst auch auf dem Balkon. In einem Kübel kann es eine einzige Knolle auf bis zu
I Kilo Ernte bringen. Kartoffeln enthalten fast alle wichtigen Nährstoffe. Wer zum Beispiel
eine Woche lang nur von Kartoffeln lebt, hat weniger Gewicht, einen entschlackten Organismus, mehr Energie und ein vollkommen ausgeglichenes Säure-Basen-Niveau. Langfristig
wäre die Ernährung nur mit Kartoffeln zu einseitig. Einfältig ist die Kartoffel aber nie, denn
kaum etwas ist so vielseitig wie sie.

Ein Erdapfel aus biologischem Anbau steckt voller Vitamine (BI, B2, C) und Mineralstoffe (Kalium, Magnesium, Eisen, Phosphor). Er ist basisch und wirkt positiv auf Magen,
Darm und das Säure-Basen-Geschehen. Wichtigstes Kohlehydrat der Knolle ist die Stärke,
die erst durch Kochen als leicht verdauliche Energiereserve verwertbar ist. Ballaststoffe sorgen für eine gut funktionierende Verdauung. Hochwertiges Eiweiß liefert die Knolle zwar
wenig, dafür ist es besonders wertvoll. Von allen pflanzlichen Eiweißlieferanten hat sie den
höchsten Anteil an verwertbarem Protein vorzuweisen. Mit der Kombination von Kartoffeln
und Ei erzielt man die höchste biologische Wertigkeit. Das gute alte Bauernfrühstück aus
Bratkartoffeln und Rührei liefert uns also die Proteine, die der Körper am besten verwerten
kann. Die Kartoffel gehört zu jenen Nahrungsmitteln, deren Aminosäure-Gruppen am meisten mit denen der menschlichen Körpergewebe übereinstimmen. Sie enthält 14 der 21 Aminosäuren, die der Körper für den Aufbau von Körper-Eiweiß benötigt, außerdem ein wichtiges Ferment, das eine gute Wirkung auf die Magenschleimhaut hat. Auch der Kaloriengehalt
des puren Erdapfels ist recht moderat: IOO Gramm gekochte Erdäpfel enthalten 69 Kalorien, weniger als Reis oder Nudeln.

In der Küche haben wir es beim Erdapfel mit einem wahren Allroundtalent zu tun. Ob
süß, scharf oder pikant – kaum ein Lebensmittel ist so variabel. In Suppen, Saucen, Pürees,

als Puffer, Aufstrich, Knödel, Gulasch oder Ofenerdapfel: Richtig zubereitet ist er ein Hauptdarsteller in der leichten Küche, der immer und jedem schmeckt, und auf angenehmste Weise und überaus preiswert sättigt.

Damit wir das ganze Jahr über mit der heimischen Kartoffel versorgt sind, gibt es Frühkartoffeln von Anfang Juni bis Mitte August, mittelfrühe Kartoffeln ab August und späte Kartoffelsorten, die von September bis Oktober geerntet werden.

Die Vielfalt der Kartoffelsorten hat wunderbarerweise wieder zugenommen. Alle hier aufzulisten ist unmöglich. Welche Sorte zu welchem Gericht passt, hängt vor allem von den Kocheigenschaften ab. Der Stärkegehalt ist dafür verantwortlich, wie sich die Erdäpfel beim Kochen verhalten.

Festkochende, speckige Kartoffeln haben den geringsten Stärkegehalt. Sie behalten beim Garen ihre feste, feinkörnige Struktur. Sie eigenen sich besonders für Kartoffelsalat, Bratkartoffeln oder Aufläufe. Bekannte heimische Sorten sind zum Beispiel: Agata, Ditta, Evita, Exquisa, Julia, Linzer Delikatess, Naglerner Kipfler, Nicola, Princess, Rosetta, Salome, Sieglinde oder Sigma.

Vorwiegend festkochende Kartoffeln sind die „Allrounder" in der Küche, für Salz-, Brat- und Schälkartoffeln, Kartoffelpuffer, Eintöpfe, Suppen und Aufläufe. Sie sind nach dem Kochen mittelfest mit leicht mehliger Struktur. Sie heißen Adora, Bionta, Christa, Desiree, Exempla, Friesländer, Goldsegen, Husar, Impala, Marabell, Quarta, Romina, Tosca oder Ukama.

Mehlige Kartoffeln haben den höchsten Stärkegehalt und eine grobkörnige Struktur. Sie werden beim Kochen weich, zerfallen leicht und haben einen angenehm kräftigen Geschmack. Sie sind die erste Wahl für Kartoffelpüree, Knödel, Kartoffelteig, Kroketten, Folienkartoffeln und auch Pommes frites, die durch die Stärke schön knusprig werden. Heimisch sind zum Beispiel Adretta, Agria, Ares, Aula, Bintje, Hermes, Mondial oder Saturna.

Heurige, die Frühkartoffeln, besitzen eine zarte Schale, die man mitessen kann, und haben ein feines, leicht nussartiges Aroma sowie eine weiche Konsistenz. Zu Bärlauch, Spargel und Lamm sind sie ein Gedicht. Frühe Sorten sind Adora, Agata, Anuschka, Arielle, Christa, Friesländer, Gina, Impala, Ukama oder Vienna.

Kartoffeln sind ungewaschen länger lagerfähig, weil die mineralische Erde, in der sie gewachsen sind, schützt und konserviert. Wer selbst erntet, sollte daran denken. Kartoffeln immer kühl, luftig von unten und dunkel lagern, etwa in einer Kartoffelkiste oder einem Korb mit einem Tuch oder Papier abgedeckt, das schränkt Verdunstungsverluste ein und verhindert vorzeitiges Schrumpfen. Licht führt zu schnellem Austreiben und Ergrünen. Passiert das, dann sind sie wegen des giftigen Solanins ungenießbar.

Lassen Sie Erdäpfel nie lange im Wasser liegen, sie verlieren sonst an Vitamin C. Direkt unter der Schale sind besonders viele Nährstoffe konzentriert. Um beim Kochen nicht zu viel davon zu verlieren, sollte man, wenn möglich, die Kartoffeln mit Schale kochen und erst dann schälen. Bratkartoffeln behalten bei der Zubereitung am meisten Nährstoffe, sind dann allerdings fetter.

Die meisten Inhaltsstoffe bleiben bei schonender Dämpfung erhalten. Am meisten ausgelaugt werden Kartoffeln, wenn man sie schält oder im Schnellkochtopf unter Druck gart.

KARTOFFELPÜREE-VARIATIONEN

Ein echter Seelentröster, auch das will gesagt sein, ist das Kartoffelpüree. Man kann man es ganz einfach selbst machen und nach Belieben mit aromatischen Gewürzen und weiteren Zutaten abwandeln.

GRUNDREZEPT

500 g mehlige Kartoffeln, geschält, gekocht und passiert	3 EL Butter
100 ml Milch	Steinsalz und weißer Pfeffer
	Muskatnuss, gerieben und nach Geschmack

Die Kartoffeln schälen und mit Salzwasser bedeckt ganz leicht und langsam weich köcheln lassen. Die Kartoffeln auf einem Sieb abtropfen lassen, etwas ausdämpfen lassen und noch in heißem Zustand durch die Kartoffelpresse drücken oder passieren. Die Milch erhitzen, die Butter darin auflösen und mit Gefühl unter die noch warme Kartoffelmasse rühren. Mit Salz, weißem Pfeffer und Muskatnuss mild abschmecken.

ROTE-RÜBEN-PÜREE

100 ml Rote-Beete-Saft (statt Milch)	1–2 EL Honig
1 EL alter Balsamico	1 Mokkalöffel geriebener Kren oder Wasabi

Rote-Beete-Saft mit Balsamico, Honig und Kren verrühren, abschmecken und mit Gefühl unter das Kartoffelpüree rühren.

KRÄUTERPÜREE

100 g bis 140 g beliebiges Kräuterpesto in die heiße Kartoffelmasse (Grundrezept) einarbeiten.

OLIVEN-PÜREE

100 ml bestes Olivenöl (statt Milch)	30 g Basilikum, fein geschnitten
50 g entsteinte Oliven, geschnitten	

Olivenöl in die Kartoffelmasse geben und die klein geschnittenen Oliven und das Basilikum unterheben.

DIE BELIEBTESTEN SPEISEPILZE

PILZE ZÄHLEN ZU DEN ÄLTESTEN LEBEWESEN DER WELT. SIE SIND MIT IHREM VARIANTENREICHEN EIGENGESCHMACK, DEN WERTVOLLEN AMINOSÄUREN UND BALLASTSTOFFEN UND IHREM GERINGEN FETTGEHALT EINE WUNDERVOLLE NAHRUNGSQUELLE.

Man nennt Pilze auch das „Fleisch des Waldes". Ihr Eiweißanteil, die B-Vitamine und Eisen machen sie für Vegetarier besonders interessant. Doch Wildpilze sollte man mit Vorsicht genießen, denn sie speichern Schadstoffe wie ein Schwamm. Deshalb ist der Herkunftsnachweis so wichtig. Auch auf Pilze in der Nähe von stark befahrenen Straßen oder Industriegebieten lieber verzichten. Die Weltgesundheitsorganisation (WHO) empfiehlt, nicht mehr als eine Portion Wildpilze pro Woche, also etwa 250 g, zu essen. Zuchtpilze hingegen sind unbedenklich und eine ebenso gute Stütze für die Gesundheit. Mykotherapie nennt man die Methode der Heilung mit Pilzen. Eines der bedeutendsten Medikamente wurde aus einem Pilz entdeckt und hergestellt: das Penicillin.

Pilze sind wundersame Geschöpfe, sie sind Mischwesen zwischen Pflanze und Tier und bilden unter den Lebewesen ein völlig eigenständiges Reich. Sie sind zwar sesshaft wie die Pflanzen, atmen aber – wie Tiere und Menschen – Sauerstoff und ernähren sich von organischem Material. Sie haben Zellwände wie Pflanzen, doch nicht aus Cellulose, sondern aus Chitin, so wie der Panzer von Insekten. Chitin ist ein guter Ballaststoff für den Darm, macht aber zugleich Pilze schwer verdaulich, deswegen sollte man sie besonders gut kauen.

Der **Champignon** ist der beliebteste Kulturspeisepilz und genauso empfindlich wie seine wilden Verwandten. Er sollte beim Einkauf prall sein, keine Verfärbungen und Druckstellen haben. Wie alle Pilze muss man auch den Champignon möglichst schnell zubereiten. Er verträgt keine Zugluft und keine direkte Sonne, beides macht ihn schnell ungenießbar. Falls notwendig kurz mit Wasser abspülen, wenn möglich nur abbürsten. Es gibt ihn von ganz klein bis ganz groß, sowohl weiße als auch braune Sorten. Die braunen sind geschmacksintensiver und würziger. Ob gekocht, gebraten, gedünstet, gegrillt oder blanchiert, ob zu Salat, Fleisch, Nudeln oder in Suppen – der Champignon ist in der Küche vielseitig verwendbar und kann sogar roh im Salat gegessen werden. Dank seines Wirkstoffes Tyrosinase hat er eine blutdrucksenkende Wirkung.

Der **Austernpilz** wird geschmacklich gerne mit Kalbfleisch verglichen. Sein Fleisch ist weich, riecht angenehm und hat einen zarten Biss. Die spezielle Eiweißstruktur macht ihn besonders leicht verdaulich, leichter als alle anderen bekannten Speisepilze. Geschmacklich lässt sich das Pilzfleisch als saftig-mild, mit leichter Pfeffernote und einem Hauch von Anis beschreiben. Er wird wie Fleisch in der Pfanne gebraten, je nach Größe zwischen zwei und drei Minuten. In feine Scheiben geschnitten ist er ein wunderbares Würzmittel für Saucen. Er soll den Cholesterinspiegel senken, die Venen stärken und die Sehnen entspannen. Roh sind Austernpilze ungenießbar!

Der **Shii-Take** hat ein vorzügliches festes, saftiges, aber nicht wässriges Fleisch und ein zartes Knoblaucharoma. Am besten wird er in geschmacksneutralem Fett gebraten und erst nach dem Garen behutsam gewürzt, weil er ein starkes Eigenaroma hat, das man nicht überdecken sollte. Er wird auch wegen seiner gesundheitlichen Werte besonders geschätzt und gilt als einer der heilkräftigsten Zuchtpilze. Shii-Take sorgt für ein festes Bindegewebe, ist ein Immunstabilisator und senkt Cholesterinwerte. Auch gegen Grippeviren wurde seine Wirksamkeit bestätigt.

Der **Kräuterseitling** erinnert durch seine massive Form an den Steinpilz. Das Besondere an ihm ist, dass er auch nach dem Erhitzen seine Form behält. Deshalb sollte man ihn nicht in kleine Stücke hacken, sondern den ganzen Fruchtkörper in Scheiben schneiden, die der Form des ganzen Pilzes entsprechen. Sein Name täuscht, er schmeckt nicht nach Kräutern, er hat ein mildes, fein-nussiges, typisches Pilzaroma. Er schmeckt zu Wild, Lamm, Steak und Fisch genauso wie im Risotto, zu Nudeln oder Vogerlsalat. An Vitaminen haben Kräuterseitlinge vor allem die Vitamine B3 und B5 zu bieten, die dem Nervensystem guttun. Schon 200 g Kräuterseitlinge liefern die Hälfte der täglich empfohlenen Ballaststoffmenge von ca. 30 g.

Das **Eierschwammerl** oder Pfifferling hat ein fruchtig-aromatisches Aroma mit pfefferähnlicher Note. Der dottergelbe Wildpilz wächst schon Ende Juni und läutet im Wald die Schwammerlsaison ein. Am schmackhaftesten ist er, wenn er noch ganz klein ist, also mit einem festen, geschlossenen Kopf. Er liefert Vitamin D und reichlich Eisen, Kalium und Beta-Carotin, doch zugleich relativ viel Chitin. Darum sind Eierschwammerl schwer verdaulich und für kleine Kinder nicht geeignet.

Der **Steinpilz** ist einer unserer schmackhaftesten Wildpilze und nach der Trüffel auch der begehrteste. Man kann ihn zwischen August und November finden. Steinpilze haben ein festes Fleisch und daher auch eine entsprechend lange Kochzeit. Zum Ausbacken daher eher dünn schneiden. Ein hervorragendes Aroma für jede Sauce oder Suppe geben getrocknete Steinpilze. Zuvor müssen sie aber in Wasser mindestens eine Stunde eingeweicht werden.

Die **Trüffel** ist teuer und hat mehr Würze als andere Pilze. Sie wächst als Knolle unterirdisch und bringt hauchfein gehobelt einen unverwechselbaren Duft und Geschmack in die Küche. Die kostbarste Sorte ist die weiße Trüffel. Relativ leistbar kann man den Geschmack mit Trüffelsalz kennenlernen, das es in gut sortieren Gewürzabteilungen gibt. Eine einfache Eierspeise mit Trüffelsalz ist im wahrsten Wortsinn kostbar, dazu einen Vogerlsalat genießen. Es verfeinert Pasta, Risotto, Käse, Carpaccio und gebratene Kartoffeln.

NÜSSE SOLLTE
MAN TÄGLICH ESSEN

EIN MIX AUS 25 GRAMM NÜSSEN TÄGLICH, ETWA EINE KLEINE
HANDVOLL, WIRD VON ERNÄHRUNGSWISSENSCHAFTLERN EMPFOHLEN.

„Fett macht fett", hieß es lange Zeit. Doch der Mensch braucht Fett, um zu leben, naturbelassene Fette, unterschiedliche Fettsäuren, vor allem aus Pflanzen, Samen und Nüssen. Nüsse sollen uns helfen, gesünder älter zu werden. Ihre Fettsäuren senken den Cholesterinspiegel, halten Herz und Gefäße fit und sind ein Kraftstoff fürs Gehirn. Ihr Zink stärkt die Abwehrkräfte, ihr Eiweiß die Muskeln. Kalium hält den Blutdruck stabil, ihre Vitalstoffkombination stärkt die Nerven, ihre Ballaststoffe nützen dem Darm. Wer täglich nicht mehr als eine Handvoll Nüsse isst, braucht sich auch über die Kalorien keine Gedanken zu machen. Ideal ist ein Nussmix, denn jede Nuss ist anders. Mandeln und Walnüsse sind am nährstoffreichsten, aber auch andere Nüsse sind gesund.

Um die natürlichen Kräfte der Nüsse zu nutzen, sollte man sie im Ganzen und unverarbeitet kaufen, pur essen und auch nicht erhitzen. Am besten klein gehackt im Müsli, Obstsalat oder Salat. Nüsse immer kühl und dunkel lagern. Man kann sie auch einfrieren, dann halten sie sehr lange.

Die Form der **Walnuss** sagt schon alles, sie ist eine Kopf- und Anti-Aging-Nuss. Ihr Aussehen gleicht dem menschlichen Gehirn und sie wirkt auch hauptsächlich dort. Ihre mehrfach gesättigten Fettsäuren, Vitamin E und B-Vitamine fördern die Konzentration und Lernfähigkeit. Sie stärkt das Gedächtnis und die Nervenfunktionen, ist Energiespender für Körper und Seele und wertvoller Genuss gegen Stress. Zudem sollen 5 Walnüsse täglich auch die Herzgesundheit fördern, und sie sind die Nummer eins, wenn es um Antioxidantien und Zellschutz geht. Nach einem alten Hausrezept soll die Nusswirkung durch saftige Birnen erhöht werden. Gemeinsam verzehrt, bringen sie das Gehirn so richtig in Schwung und steigern die Leistungsfähigkeit. Tipp: Länger gelagerte Walnüsse kann man beleben, indem man sie bis zu IO Stunden mit Wasser bedeckt und so den Keimprozess einleitet, der die Wirkstoffe verstärkt und die Nüsse frischer schmecken lässt.

Die **Mandel**, die Herz-, Darm- und Glücksnuss, ist eigentlich eine Steinfrucht. Mandeln sind basisch und wirken auf den Darm ähnlich wie Präbiotika, vor allem ungeschält. Sie nähren die nützlichen Darmbakterien und fördern so die Gesundheit des Immunsystems. Die energiereichen Früchte sättigen lange und enthalten – wie andere Nüsse auch – neben wertvollen Mineralstoffen und Vitaminen viele essenzielle Fettsäuren. Die cholesterinsenkende Wirkung gilt als gesichert. Die Mandel enthält auch mehr Kalzium, Magnesium und Kalium als andere Nüsse. Neben ihrer gesundheitlichen und vor allem kulinarischen Bedeutung hat die Mandel auch seit jeher einen hohen symbolischen Wert. Sie steht für Kindersegen, Glück, Liebe, Gesundheit und Reichtum.

Haselnüsse haben einen sehr positiven Einfluss auf Magen und Darm sowie auf das Knochenmark. Ihr Reichtum an Mineralstoffen ist bemerkenswert: Sie enthalten Kalzium, Magnesium, Eisen, Kupfer, Zink, Fluor und Selen. Vegetarier können mit ein paar gehackten Haselnüssen das Eiweiß von Hülsenfruchtgerichten verbessern. Gut gekaut und eingespeichelt helfen Haselnüsse auch bei Sodbrennen. Sie halten den Lymphfluss in Schwung und stärken die Nerven.

Paranüsse, Pekan-Nüsse, Pistazien, Macadamia-Nüsse, Erdnüsse, Cashews, aber auch **Pinienkerne, Hanfsamen** oder **Sesamkerne** sorgen im täglichen Nuss-Mix für Abwechslung.

SAMEN UND GETREIDE

DER KERN DES LEBENS, ENERGIERESERVOIR IM MINI-TRESOR

DIE HÄUFIGSTEN SAMEN- UND GETREIDEARTEN

UR- UND PSEUDOGETREIDE BRINGEN ABWECHSLUNG IN DIE KÜCHE UND ERFÜLLEN UNTERSCHIEDLICHE ERNÄHRUNGSBEDÜRFNISSE.

Das Angebot der Getreideküche wird immer größer. Doch es sind keine neu entdeckten Pflanzensamen, die sich da in aller Vielfalt in den Regalen und in immer mehr Küchen breitmachen. Es sind uralte Getreidepflanzen, Grundnahrungsmittel alter Kulturen. Wir kosten uns damit durch die Welt und die Weltgeschichte, die mit jedem neuen Korn gleich mitgeliefert wird. Es ist schon erstaunlich, wie schnell der Markt auf Trends reagiert, sie verbreitet und wie sie angenommen werden. Der Boom der Getreideküche entstand zunächst aus der Suche nach pflanzlichem Proteinersatz für Vegetarier und Veganer. Mittlerweile geht es um individuelle Bedürfnisse und wie man darauf mit neuen oder bewährten Erkenntnissen antworten kann. Wichtig ist es, auf hochwertige Ware aus biologischem Anbau zu achten. Verunreinigungen und Chemie machen den Gesundheitswert zunichte.

Alternativgetreide wird nicht mehr nur importiert, manche werden bereits in unseren Breiten kultiviert (Amaranth, Quinoa, auch Chia-Versuche laufen). Ich frage mich nur, wie sich dadurch unsere Vegetation verändern wird, welche Pflanzen zurückgedrängt werden und welche Aus- und Wechselwirkungen da auf uns zukommen, auf Mensch und Tier und natürlich auch auf unsere Ernährungsgewohnheiten. Eine „Neu-Gier" auf den neuen Geschmack kann andererseits auch helfen, den Anteil der Pflanzenkost zu erhöhen und den Fleischgenuss wieder auf ein gesundes Maß zu reduzieren. In jedem Fall bringt das Interesse an Getreidealternativen die unsagbare Artenvielfalt der Natur wieder ins Bewusstsein. Wann immer ich ratlos vor der Fülle von Angeboten und Möglichkeiten stehe, ist der beste Ratgeber mein Körper. Ausprobieren schadet nicht, und dabei darauf achten, was der Körper dazu sagt. Jeder neue Geschmack hilft, bewusster und wieder mehr in sich hineinzuhören, sich selbst wieder mehr wahrzunehmen, auch das ist ein Gewinn.

Amaranth war für die Azteken und Inkas die wichtigste Getreidepflanze, ein Fuchsschwanzgewächs. Die kleinen Körnchen mit ihren leicht verwertbaren Nähr- und Vitalstoffen sind besonders bekömmlich. Amaranth ist glutenfrei, schmeckt nussig und sättigt schnell. Er wird gekocht wie Reis, mit der zweifachen Menge Wasser, und wird verwendet als Beilage oder Suppeneinlage, als Pfannengericht, Bratling, Salatgrundlage oder auch für Aufläufe. Man kann ihn auch wie Mais poppen: Körner einfach in einer Pfanne ohne Fett zugedeckt erhitzen, bis es aufhört zu poppen.

Buchweizen schmeckt wie Getreide, ist aber keines. Er ist ein Knöterichgewächs, das aus der russischen Steppe kommt. Die dreieckigen Samenkörner werden zur Verwendung entspelzt. Auch Buchweizen kann wie Reis gekocht werden. Seine Flocken binden Faschiertes und schmecken im Müsli. Buchweizen-Mehl eignet sich für Palatschinken, für Waffeln, Kekse, Knödel und Nockerl. Er ist eine Hauptzutat für russische Blinis und asiatische Soba-Nudeln. Zum Backen muss Buchweizen mit anderen Mehlen gemischt werden, da er keinen Kleber enthält. Seine Vitalstoffe stabilisieren den Blutzuckerspiegel, darum ist er für Diabetiker ideal.

Chia-Samen, die Energiespender der Mayas, stammen von der Salbeipflanze „Salvia hispanica" ab. Chia bedeutet Kraft. Schon zwei Esslöffel davon spenden Energie für Stunden. Die Samen haben eine hohe Quellfähigkeit und vervielfachen in Flüssigkeit ihr Volumen. Der Geschmack ist neutral. Verwendet man sie trocken, etwa für Müsli, Brot oder Gebäck, muss man viel trinken. Lässt man sie ein paar Stunden oder über Nacht zum Beispiel in Pflanzenmilch quellen (ca. 4 Esslöffel auf 250 ml), ist das Ergebnis ein gelartiger „Chia-Pudding" mit angenehmem Mundgefühl, der mit Früchten serviert wird.

Dinkel und **Grünkern** sind Spelzgetreide. Die Spelzhülle schützt das Dinkelkorn vor nahezu allen schädlichen Umwelteinflüssen. Das macht Dinkel so widerstandsfähig und so gesund für den Menschen, weil er so gut wie keine Schadstoffe enthält. Dinkel liefert mehr Mineralstoffe und Spurenelemente als Weizen, vor allem auch Silizium (Silicea), das Haut und Gewebe Festigkeit und Elastizität gibt. Er fördert aber auch die Konzentration. Darum galt Dinkel früher auch als das „Getreide der Dichter und Denker". Dinkel enthält hochwertiges Klebereiweiß mit besten Backeigenschaften und kann wie Weizen verwendet werden. Er schmeckt allerdings nussiger. Dinkel verwendet man auch zum Bierbrauen, einst war er Kaffee-Ersatz. Grünkern ist nichts anderes als vor der Reife geernteter Dinkel, der früher über Feuer gedarrt und heute in Trocknungsanlagen würzig geröstet wird, sich dadurch allerdings nicht mehr zum Backen eignet. Grünkern wird für Suppen oder Bratlinge verwendet.

Hafer ist glutenarm und deutlich nährstoffreicher als alle anderen Getreidearten. Er wirkt cholesterinsenkend, schützt den Magen, hält den Darm gesund, seine „Weckamine" wirken positiv auf die Stimmung. Hafer sättigt hervorragend, spendet lange Energie, sorgt für einen geregelten Blutzuckerspiegel, ein starkes Immunsystem, für kräftige Fingernägel und eine gesunde, schöne Haut. Hafer wird für Müsli, Breie, Suppen, Backwaren, Kekse und auch Wurst (Grützwurst) verwendet. Geschälter Reis schmeckt zusammen mit etwas Hafer herrlich nussig.

Die glutenfreie, eisenreiche **Hirse** ist ein besonders bekömmliches, mineralstoffreiches Süßgras, das schnell und lange sättigt. Früher wurde Hirse hauptsächlich für Breie verwendet. Man kann sie aber wie Reis mit Suppe zur „Hirsotto" kochen und mit Gemüse, Kräutern und anderen Zutaten anreichern. Zum Backen ist sie nicht geeignet, da sie nicht aufgeht, aber für Fladen, Aufläufe, Bratlinge und zum Einstreuen in Salate. Vor allem für die Schönheit ist Hirse eine Wunderwaffe. Das enthaltene Silizium wirkt positiv auf Haut, Haare und Nägel, und auch das Bindegewebe soll Hirse festigen. Das enthaltene Fluor sorgt für Zahngesundheit.

Auch **Mais** ist glutenfrei und hilft sensiblen Bäuchen. Schon die Indianer wussten, dass Mais die Blase und die Nieren reinigt und sein Carotin die Sehkraft schützt. Maismehl allein eignet sich nicht zum Backen, da ihm der Kleber fehlt. Tortillas sind das bekannteste aus Maismehl hergestellte Produkt. Reine Maisstärke fehlt in kaum einer Küche. Sie bindet Suppen, Saucen und Desserts und macht auch Backwaren feiner, wenn man zum Beispiel bei Mürbteig etwas Mehl durch Maisstärke ersetzt. Früher wurde aus den goldbraunen Griffelhaaren – den Fäden unter den Deckblättern – ein Tee zubereitet, als wirksames Entwässerungsmittel bei Schwellungen der Beine und als Beruhigungsmittel.

Quinoa ist ein feinkörniges, glutenfreies Pseudogetreide, das im Aussehen der Hirse ähnelt. Quinoa ist besonders reich an Eiweiß und eine außergewöhnliche Vitalstoffquelle. Es wird wie Reis verwendet und gart besonders schnell. Quinoa kann auch roh geröstet werden, für Müsli und Salate.

Reis ist glutenfrei und äußerst vielseitig. Man unterscheidet drei Sorten: Langkornreis (6 bis 8 mm lang), Rundkornreis (4 bis 5,2 mm lang) und Mittelkornreis (5,2 bis 6,0 mm lang). Langkornreis ist hart und glasig. Beim Kochen bleibt er trocken und körnig. Meist wird er als Beilage zu Fisch-, Fleisch- und Gemüsegerichten serviert. Rundkornreis gibt beim Kochen viel Stärke ab, er wird weich und klebrig und ist ideal für Milchreis oder Sushi. Mittelkornreis hat ähnliche Eigenschaften wie Rundkornreis. Ein bekannter Vertreter ist der italienische Arborio-Reis, ein typischer Risotto-Reis. Er ist stärkehaltiger als Langkornreis. Ein Teil der Stärke löst sich beim Kochen auf und lässt so die typisch sämige Konsistenz des Risotto-Gerichtes entstehen. Der Kern behält gleichzeitig seinen Biss. Naturreis enthält wesentlich mehr Vitamine und Mineralstoffe als weißer, polierter Reis. Wildreis ist eine Wildgetreideart. Sein Duft erinnert an Tee. In gekochter Form gibt er jedem Reisgericht eine würzige Note.

Roggen war das Brotgetreide der Germanen, Kelten und Slawen und ist ein an kalte Gegenden angepasstes Getreide für dunkle Brote. Seine klimatische Widerstandskraft macht Roggen so nährstoffreich. Im Vergleich zu Weizen hat Roggen mehr Ballaststoffe, einen höheren Mineraliengehalt und einen höheren Anteil an sekundären Pflanzenstoffen. Diese Substanzen geben dem Roggen seine dunkle Farbe und den markant-herben Geschmack. Roggenbrot bleibt lange saftig und frisch.

Weizen ist die älteste bekannte Getreideart. Zwei Weizenprodukte zählen zu den besten Alternativen zu Reis, sie werden aus Hartweizen hergestellt: Für **Bulgur** wird er gekocht, dann getrocknet und in unterschiedliche Feinheitsgrade zerkleinert. Besonders beliebt ist Bulgur in der orientalischen Küche als Fülle für Gemüse. **Couscous** kommt aus der afrikanischen Küche und ist feiner. Man befeuchtet den Weizen, zerreibt ihn zu kleinen Kügelchen und lässt ihn trocknen. Er wird zumeist gedämpft oder einfach nur in heißem Wasser eingeweicht, bis er aufgequollen ist.

EINFACHE BROT-REZEPTE

SELBST GEBACKENES BROT IST BEKÖMMLICHER ALS GEKAUFTES
UND EIN GENUSS FÜR ALLE SINNE.

Ich mag keine Teigrohlinge und auch keine Fertigbrotmischungen. Wir backen unser Brot selbst, mit Bio-Getreide, und das ist keine Hexerei. Ein Brotteig ist schnell angerührt, und der Teig ruht und bäckt dann ohne weiteres Zutun. Gutes Brot hat Wert. Wer Probleme mit der Verdauung von Brot hat, sollte nach einem Bäcker Ausschau halten, der noch nach traditionellen Methoden bäckt. Echtes Natursauerteigbrot ist besonders gut verträglich.

Getreide enthält neben den für den Menschen wertvollen Nährstoffen auch Schutzstoffe, die allein der Pflanze dienen, zum Beispiel Phytin. Pyhtin kann Verdauungsenzyme hemmen. Darum hat der Mensch bereits vor Tausenden von Jahren den Sauerteig erfunden. Sauerteig schließt die Inhaltsstoffe der Getreidekörner auf, verdaut sozusagen schon mal vor, und manche Inhaltsstoffe des Korns, die die Verdauung eher behindern, werden im Verlauf einer langsam geführten Sauerteiggärung deutlich reduziert. Dieser Prozess kann sogar 20 bis 40 Stunden dauern. Aber gutes Brotbacken kann auch einfacher und schneller gehen. Der Vorteil des Selbstbackens ist wie immer, dass man weiß und selbst bestimmt, was im Brot ist. Mehl, Wasser, Hefe, Salz – mehr braucht es nicht. Diesen Grundteig kann man mit Nüssen, Beeren und Samen beliebig abwandeln. Sie werden einfach eingeknetet oder darübergestreut. Man kann kleines Handgebäck oder Zöpfe formen, das Brot im Ganzen auf dem Blech backen oder in unterschiedlichen Backformen. Immer wieder neu, immer wieder anders. Einfach kreativ sein, das macht Spaß und schmeckt und duftet.

DINKEL-CRANBERRY-WECKERL

1 Handvoll Cranberries (oder auch wahlweise Goji-Beeren, Rosinen, Walnüsse, Sonnenblumenkerne)	1 Pkg. Trockenhefe
	1 TL Steinsalz
	400–500 ml lauwarmes Wasser
500 g Bio-Dinkel, gemahlen	

Die Trockenfrüchte oder Nüsse nach Belieben etwas kleiner schneiden. Das Mehl in eine Schüssel sieben, Trockenfrüchte, Trockenhefe und Salz unterrühren und dann nach und nach so viel lauwarmes Wasser unter Rühren mit dem Knethaken zufügen, bis sich der Teig vom Rand der Schüssel löst. Die Menge des Wassers hängt vom Mahlgrad des Mehles ab.

Ich lasse den Teig über Nacht zugedeckt im Kühlschrank ruhen, dadurch entfalten sich auch die Aromen viel besser. Wenn es schnell gehen muss, kann man die Weckerl auch nur 30 Minuten kühl rasten lassen.

Backofen auf 220 °C vorheizen. Nach der Ruhe den Teig nochmals auf einer bemehlten Arbeitsfläche kurz durchkneten, länglich formen, kleine Stücke abschneiden (à 50 g) und Laibchen formen. Auf Backpapier in den heißen Backofen schieben und 5 Minuten bei 220 °C backen, dann die Temperatur auf 180 °C zurückdrehen und die Weckerl je nach Größe noch etwa 10 Minuten lang fertig backen.

ROGGENBROT PUR ODER MIT NÜSSEN

Das Wichtigste sind die Ruhezeiten: Lange Sauerteigführung macht das Brot viel bekömmlicher und aromatischer. Zubereitungszeit inklusive Ruhezeit: gut 24 bis 36 Stunden. Backzeit ca. 45 Minuten.

SCHNELLER SAUERTEIG (VORTEIG)

125 g Roggenschrot (Reformhaus)	125 g Leinsamen, grob geschrotet
	180 ml lauwarmes Wasser

Alle Zutaten in einer Schüssel mischen und zugedeckt 12 Stunden bei Zimmertemperatur stehen lassen, am besten über Nacht.

HAUPTTEIG

300 g Bio-Roggenmehl	30 g Hefe oder Weinsteinbackpulver
250 g Weizenmehl	4 g Steinsalz
400 ml warmes Wasser	Je 1 Msp. Fenchel, Anis und Koriander
2 g fertiges Sauerteigpulver (Reformhaus)	Etwa 1 Handvoll grob gehackte Walnüsse nach Belieben

Den Sauerteig mit allen Zutaten des Hauptteiges in der Küchenmaschine verkneten, bis er glatt ist, in eine Schüssel geben und wieder über Nacht abgedeckt im Kühlschrank ruhen lassen; wenn man Zeit hat und sich und dem Teig etwas Gutes tun möchte, dann auch bis zu 24 Stunden. Den Teig etwa 1 Stunde vor dem Backen aus dem Kühlschrank nehmen (mit einem Küchentuch abdecken). Inzwischen den Ofen auf 240 °C vorheizen.

Etwas Roggenschrot auf die Arbeitsfläche streuen und darauf Teigwecken formen. Ich mache aus dieser Teigmenge immer drei Wecken. Vor dem Backen mit einem scharfen Messer an der Oberseite ein- bis zweimal nicht zu tief einschneiden. Dies verhindert ein seitliches Aufreißen der Kruste, weil die Gase aus dem Teig nach oben entweichen können. Die Wecken auf Backtrennpapier legen, in den 240 °C heißen Ofen schieben. Ich leere immer etwas Wasser in den Ofen, damit Dampf entsteht (Vorsicht, heiß!).

Sobald das Brot eine schöne braune Kruste hat, den Ofen auf 150 °C zurückschalten und fertig backen. Da jeder Ofen ein wenig anders bäckt, das erste Mal nach etwa 35 bis 40 Minuten nachschauen. Dabei auf die Unterseite des Brotes klopfen, klingt es hohl, ist es fertig, ist der Ton dumpf, noch etwa 5 Minuten weiterbacken. Das Brot auf einen Lattenrost oder ein Kuchengitter legen und mit einem Küchentuch bedeckt abkühlen lassen.

MILCH UND EI

**KALZIUM UND PROTEINE,
DIE BAUSTOFFE DES KÖRPERS**

MILCH UND PFLANZENMILCH

WIR HABEN HEUTE EINE NIE DAGEWESENE VIELFALT AN MILCH UND MILCHERSATZ, AUS DER WIR SCHÖPFEN KÖNNEN. BEI UNS SIND MILCHKÜHE DER HAUPTLIEFERANT, IMMER MEHR AUCH SCHAFE UND ZIEGEN. DER MENSCH MELKT ABER AUCH PFERDE, ESEL, KAMELE, RENTIERE UND WASSERBÜFFEL. MILCH HAT WELTWEIT ALS LEBENSMITTEL GROSSE BEDEUTUNG.

Das Kalzium der Milch ist für Knochen und Zähne, für die Blutgerinnung und Muskelkontraktion von Bedeutung. Nicht nur Kalzium gibt der **Kuhmilch** Bedeutung, sondern auch die in ihr enthaltenen Proteine (Aminosäuren). Sie sind der Baustoff der Zellen, des Gewebes, der Muskeln, der Haut, Haare und Nägel. 21 verschiedene Aminosäuren gibt es, 19 davon sind im Milcheiweiß, 8 davon sind lebensnotwendig.

Kuhmilch gibt es in drei Fettstufen, als Vollmilch (3,5 % Fett), als fettarme Milch (1,5 % Fett) und als Magermilch (0,1 bis 0,3 % Fett). Mit dem Fettgehalt sinkt allerdings auch der Anteil anderer wichtiger Inhaltsstoffe wie Proteine und Kalzium. Die Milch mit dem geringsten Fettgehalt ist also nicht notwendigerweise die beste oder gesündeste.

In den letzten Jahren hat die **Heumilch** auf dem heimischen Markt eine immer größere Bedeutung erlangt. Heumilch wird von Kühen erzeugt, die sich im Sommer von Gras und im Winter nur von Heu ernähren, denen also kein milchsäurevergorenes Silagefutter zugefüttert wird. Reine Heumilch stammt von Tieren, die artgerecht gehalten werden, sie kommen nicht mit Gentechnik in Berührung, und außerdem pflegen sie die Landschaft auf natürliche Weise. Heumilch enthält im Durchschnitt rund doppelt so viele Omega-3-Fettsäuren und konjugierte Linolsäuren wie Standardmilch. Das soll Allergien mindern, gefäßschützend und entzündungshemmend wirken und auch die Cholesterinwerte verbessern. Heumilch wird zudem Rauchern empfohlen, weil sie Entzündungsreaktionen in den Atemwegen mildern soll. Das Gütesiegel Heumilch ist für Kuhmilch, Ziegenmilch und Schafmilch definiert.

Ziegenmilch ist bekömmlicher als Kuhmilch, weil ihre Fettsäurezusammensetzung anders ist. Sie hat mehr mittelkettige Fettsäuren und ihre Fettkügelchen sind viel kleiner, das macht sie leichter und schneller verdaulich. Probleme wie Blähungen oder Durchfall treten nach dem Konsum von Ziegenmilch selten auf. Ihr Geschmack ist süßlich-aromatisch und etwas streng. Es gibt unzählige Ziegenkäsesorten. Generell gilt: Je jünger der Käse, desto milder schmeckt er, meist auch jenen, die Ziegenmilch eigentlich nicht mögen.

Die samtige, vollmundige **Schafmilch** hat einen bemerkenswert hohen Anteil an Vitaminen und Mineralstoffen. Das hat mehrere Gründe. Einerseits werden Schafe bei uns ganz natürlich auf der Weide gehalten. Andererseits haben sie eine physiologische Eigenheit: einen besonders langen Verdauungstrakt. Dadurch können sie mehr Nährstoffe aufschließen und über ihre Milch an den Menschen weitergeben. Schafmilch enthält doppelt so viel Fett wie Kuhmilch, der Laktoseanteil ist gleich. Der weiche Schafmilch-Frischkäse („Gupferl") ist für immer mehr Menschen, die unter Kuhmilch-Unverträglichkeit leiden, eine tolle Alternative zu Mozzarella. Schon lange bei uns bekannt ist der echte Feta, ein griechischer Salzlakenkäse aus Schafmilch, eventuell mit Ziegenmilch gemischt.

Getreide- und **Pflanzendrinks** werden von Vegetariern und Veganern geschätzt. Obwohl sie Milch ersetzen sollen, dürfen die Hersteller sie nicht so nennen, denn die Bezeichnung „Milch" ist ausschließlich tierischen Milchprodukten vorenthalten. Diese Drinks sind laktosefrei und werden auch von Gemischtköstlern gerne getrunken. Bezüglich der Qualität gibt es bei diesen Milchersatzprodukten große Unterschiede. Es ist empfehlenswert, vor dem Kauf auf die Liste der Inhaltsstoffe zu schauen. Häufig enthalten Getreidedrinks noch einige Konservierungsstoffe, Verdickungsmittel, teils auch Farbstoffe und fast immer Süßungsmittel. Reis- und Getreidedrinks wird noch Pflanzenöl hinzugegeben, damit die Flüssigkeit emulgiert, dadurch weiß wird und der Kuhmilch ähnlicher sieht. Nussdrinks wie Kokos- oder Mandeldrinks enthalten in der Regel keine bis wenig Zusatzstoffe.

Sojadrink wird aus gemahlenen Sojabohnen und Wasser hergestellt, weist einen ähnlich hohen Eiweißgehalt wie Kuhmilch auf, ist aber deutlich kalziumärmer. Daher wird Kalzium häufig zugesetzt. Sojaprodukte sind laktose- und cholesterinfrei. Bei Sojaprodukten ist es wichtig, auf die Herkunft zu achten. Bio-Soja aus Europa ist zu 100 Prozent gentechnikfrei. Sojadrink schmeckt leicht nussig und ist nicht besonders süß. Fermentierte Sojamilch wird zu **Sojacreme**. Durch ein Bittersalz aus Meerwasser (Nigari) gerinnt Sojapüree zu **Tofu**. Aus gekochten, fermentierten Sojabohnen entsteht unter Zugabe einer Schimmelpilzkultur **Tempeh**. Aus fermentierten Sojabohnen und eventuell geröstetem Getreide wird **Sojasauce** hergestellt. Der Reifeprozess dauert je nach Qualität von 5 Monaten bis zu 5 Jahren. Die so gewonnene Sauce wird gefiltert und pasteurisiert.

Haferdrink kann in Bezug auf Vitamine und Mineralstoffe mit der Kuhmilch mithalten, enthält aber wenig Eiweiß. Die Fettsäurezusammensetzung gilt als günstig. Er ist ballaststoffreich, schmeckt süßlich und nach Hafer. Er eignet sich für Porridge, Müsli, Drinks und auch für Suppen.

Reisdrink wird aus Vollkornreis hergestellt, er ist nährstoffarm und auch der Eiweißgehalt ist gering. Kalzium und Vitamine werden meist zugesetzt. Er enthält allerdings weniger Allergene als Sojamilch. Er schmeckt leicht wässrig und süßlich und eignet sich für Müsli, Milchreis, Smoothies.

Mandeldrink entsteht aus geschälten, gemahlenen Mandeln, die mit Wasser, eventuell Süßungsmitteln und Salz gemixt werden. Er ist gluten- und laktosefrei, enthält fast so viel Fett und Kalorien wie Milch, kein Kalzium, dafür viel Eiweiß und mehr Ballaststoffe als Milch. Er schmeckt leicht süß und cremig-nussig. Verwendet wird Mandeldrink für Müsli, Cremes, Pudding, Smoothies, Gewürzmilch, Milchreis, Mandelmilch-Kaffee oder -Kakao und auch zum Backen.

Kokosmilch wird aus dem Fruchtfleisch einer reifen Kokosnuss gewonnen. Dieses wird gemahlen und mit Hilfe einer Presse ausgedrückt. Die so gewonnene dickflüssige Milch wird mit Wasser verdünnt. Sie ist nährstoffreich und hat einen Fettanteil von um die 20 Prozent. Etwa die Hälfte davon ist Laurinsäure, die das Immunsystem stärkt und schädliche Bakterien und Viren vernichtet. Sie ist cremig und eine gesunde, vegane Alternative zu Sahne. Ihre mittelkettigen Fettsäuren werden schnell verdaut und vom Körper nicht eingelagert, sondern in Energie umgewandelt. Gute Kokosmilch schmeckt mild und leicht nach Kokos. Sie wird für Curry, Suppen, Eintöpfe, Gemüsegerichte, Desserts und Cocktails verwendet. Bekannt ist Piña Colada, ein Cocktail aus Kokosmilch, Rum, Ananas und Zitronensaft, garniert mit einer Cocktailkirsche.

DAS EI IN DER KÜCHE

Das Ei ist ein Superstar. Es besteht gleich aus zwei Lebensmitteln, ohne die es unglaublich viele Speisen nicht gäbe: Dotter und Eiklar.

Das cholesterinfreie **Eiklar** lässt Teige und Desserts locker und flaumig werden. Damit ein Soufflé oder Biskuit oder eine Rührmasse gelingt, darf das Eiklar nur bis zur „Vogelnase" aufgeschlagen werden, und das geht so: Eiklar ist transparent; wird es mit einem Schneebesen angeschlagen, wird es weiß und hat noch keinen Schaum. Sobald es weiß wird, gebe ich ein Drittel der benötigten Zuckermenge dazu und schlage weiter, bis das Eiklar beginnt schaumig zu werden. Dann den restlichen Zucker zugeben und weiterschlagen, bis der Schneebesen einen Spitz formt. Wenn man ihn herauszieht, erinnert er an eine Adlernase. Egal, was man macht, diese „Vogelnase" zeigt immer die richtige Eischnee-Konsistenz für Teige und Soufflés an. Viele machen den Fehler, dass sie viel zu wild und schnell schlagen. Die mittlere Stufe des Rührgerätes reicht.

Ist eine klare Suppe versalzen oder trüb, kann Eiklar sie wunderbar klären. Die Suppe vom Herd nehmen, ein Eiklar einrühren und nochmals gut aufkochen lassen. Das Eiweiß gerinnt, steigt auf und schließt das Zuviel an Salz (leider auch Geschmacksstoffe) und Schwebeteilchen ein. Dann durch ein nasses Tuch oder Haarsieb filtern. Eiklar klebt zudem Teigtaschen zu, damit sie beim Backen nicht aufgehen, und es ist die Basis für glänzende Zuckerglasuren.

Eidotter bindet, legiert, färbt, emulgiert, verfeinert und überstreicht. Der Eidotter ist eine nährstoffreiche Fett-in-Wasser-Emulsion, die durch Carotine gelb eingefärbt ist. Als Emulgator kann er Wasser mit Öl verbinden, wie bei Mayonnaise oder Sauce Hollandaise. Werden Backwaren mit Dotter eingestrichen, bräunen und glänzen sie schöner. Dotter bindet Suppen und Saucen. Wird er mit Zucker aufgeschlagen, lockert er Mousses und Cremes. Bei Biskuitmassen oder im Weinschaum wird er zum Schaumbildner.

Jedes Ei trägt eine Kennzahl. Beginnt sie mit O-AT, handelt es sich um ein Bio-Ei aus Österreich. Das bedeutet Freilandhaltung für die Hühner und Biofutter. I-AT steht für konventionelle Freilandhaltung, 2-AT für Bodenhaltung. Käfighaltung ist in Österreich seit 2009 verboten. Doch viele Eier, die wir essen, sind in Nudeln, Backwaren, Mayonnaise oder Fertigprodukten versteckt, und es sind häufig Flüssig- oder Trockeneier aus dem Ausland. Aus welcher Haltung und Fütterung diese Inkognito-Eier stammen, lässt sich schwer sagen, da die Kennzeichnungspflicht nur für ganze Eier gilt. Hinzu kommen alle im Ausland hergestellten Lebensmittel, die Ei enthalten. So kommt es, dass wir Käfigeier essen, ohne es zu wollen und ohne es zu merken. Nur der Griff zu Biolebensmitteln schützt vor Eiern, in denen Tierleid steckt. Das sollte man beim Einkaufen bedenken.

FRISCHE EIERNUDELN, SELBST GEMACHT

Frische Pasta gehört zu jenen Lebensmitteln, die man fast nirgends kaufen kann. Sie ist ein unfassbarer Genuss, ein samtiger Gaumenschmeichler und ganz einfach zu machen. Frische Pasta wird in der Regel immer mit Ei zubereitet, sie ist goldgelb und hat mehr Biss – mehr Seele – als Trockenpasta ohne Ei.

MEIN PASTA-GRUNDREZEPT

Dieser Grundteig kann für alle Nudelarten verwendet werden.

4 Eigelb	I EL Öl
I Ei	I EL Wasser
Etwas Steinsalz	250 g doppelgriffiges Mehl

Eigelb, Ei, Salz, Öl und Wasser verrühren, ⅓ vom Mehl unterrühren, dann das restliche Mehl einarbeiten, bis sich eine homogene Masse bildet. Nicht zu lange, das schadet der Teigqualität.

Den Teig in Klarsichtfolie wickeln und 30 Minuten oder länger (über Nacht) im Kühlschrank ruhen lassen, das verbessert die Teigqualität, er wird elastischer.

Dann den Teig dünn auf einer bemehlten Fläche ausrollen und durch die Nudelmaschine walzen. Wer keine Nudelmaschine hat, kann den dünn ausgerollten Teig zu einer lockeren Rolle zusammenrollen und mit einem Messer in dünne Suppennudeln oder Bandnudeln schneiden. Oder zu Lasagneblättern schneiden oder zu gefüllter Pasta verarbeiten (Ravioli, Tortellini). Die Nudeln nochmals etwa 30 Minuten, in der Küche liegend, antrocknen lassen, dabei mit wenig Mehl bestäuben. Anschließend in reichlich kochendes Salzwasser geben und 3 bis 4 Minuten bissfest kochen.

FLEISCH UND FISCH

GESUNDER GENUSS FÄNGT BEI DER TIERHALTUNG AN

DAS GUTE
FLEISCH

MAN KANN KEINEN GUTEN BRATEN GENIESSEN, OHNE SICH VORHER
DIE FRAGE ZU STELLEN, WOHER ER KOMMT UND WIE DAS TIER GELEBT HAT.

Soll man Fleisch überhaupt noch essen?
Braucht der Mensch tierisches Eiweiß? Ist unser Fleischkonsum für die Erderwärmung verantwortlich? Kann Massenzucht durch nachhaltige Viehzucht ersetzt werden? Ändert sich die Welt, wenn wir ganz auf Fleisch verzichten? Leben wir dann gesünder? Niemand hat auf all diese Fragen eindeutige Antworten, aber jeder kann das eigene Essverhalten überdenken.

Aus meiner Sicht geht es bei gesunder Ernährung nicht darum, den Fleischverzehr zu eliminieren, sondern auf ein vernünftiges Maß einzuschränken, um aus Fleisch wieder das zu machen, was es einmal war: ein besonders wertvolles, sehr geliebtes Produkt von Tieren, die ein artgerechtes Leben führen durften. Angesichts der brutalen Massentierhaltung und der Industrialisierung von Fleisch ist es durchaus nachvollziehbar, dass sich immer mehr Menschen vom Fleischkonsum abwenden. Auch ich möchte ein solches Fleisch nicht essen.

Es ist kaum anzuzweifeln, dass nachhaltig produziertes Essen das Beste für den Esser, die Tiere, den Boden und die Umwelt ist. Wie wir uns um die Tiere kümmern, so kümmern sie sich auch um uns, äußerlich wie innerlich. Eine Lebensgemeinschaft ohne Tiere, Almen ohne Kühe, ein Bauernhof ohne Hühner, Schafe und Ziegen, das ist für mich nicht vorstellbar. Ich glaube, dass der Mensch das Tier zum Leben braucht. Ich glaube, dass man nur dann wirklich lustvoll und gesund essen kann, wenn ein Lebensmittel freudvoll gewachsen ist und hergestellt wurde.

WILD

Fleisch von wild lebenden Tieren ist besonders gesund, fettarm und aromatisch, weil die Tiere immer in Bewegung sind und sich aus ihrer natürlichen Umgebung ernähren. Die Verfügbarkeit von Frischfleisch ist von der Jagdsaison abhängig. Tiefgekühlt ist Wildfleisch in der Regel ganzjährig erhältlich. Am besten und frischesten kauft man Wild direkt vom

Jäger oder Jagdverband. Es gibt wenige Arten der Fleischzubereitung, welche nicht auch für Wildfleisch geeignet wäre. Begleitet wird Wild von Wurzelgemüse, Wildgewürz und immer auch von einer fruchtigen Süße wie die von Preiselbeeren, Birnen, Weintrauben, Feigen oder Maroni. Auch Pilze verfeinern Wildsaucen.

RIND

Die Qualität des Rindfleischs hängt von der Rinderrasse, der Mastmethode und letztendlich vom Reifegrad des Rindfleischs ab. Zumindest 14 Tage sollte es nach dem Schlachten im Kühlhaus abhängen. Das Fleisch verändert in dieser Zeit seine Eiweißstruktur. Es wird mürbe, leichter bekömmlich und entwickelt sein arteigenes Aroma. Fleckvieh, Braunvieh und Holstein sind die in Österreich verbreitetsten Rassen. Die ersten beiden werden sowohl für Milch- als auch für Fleischgewinnung gezüchtet, Holstein ist eine Milchrasse. Seit einigen Jahren sind auch einige Rassen aus Großbritannien und Frankreich hier heimisch geworden, die großartige Fleischlieferanten sind: Angus, Galloway, Charolais und Limousin.

Das berühmteste Rindfleisch der Welt stammt aus Japan, das Kobe-Beef. Das darf übrigens nur dann so genannt werden, wenn es auch wirklich in der Stadt Kobe gezogen wurde. Fleisch der gleichen Rasse heißt in anderen Ländern Wagyu-Beef, wurde aber nach der gleichen Methode erzeugt: Die Rinder werden mit Naturkraftfutter und Bier gefüttert, und sie werden täglich von Hand massiert. Dadurch bildet sich auf dem Muskelfleisch nur eine sehr dünne Fettauflage und es ist von einer feinen, fast spitzenartigen Marmorierung durchzogen.

Man kann mit Rind alles zubereiten, aber nicht mit jedem Fleischteil. Fleisch von den beanspruchten Muskelpartien wie Beine, Hals, Brust und Flanken hat einen hohen Sehnen- und Bindegewebsanteil. Es eignet sich zum Sieden, Dünsten und Schmoren. Die nur wenig beanspruchten Muskelpartien von Rücken (Filet) und Hüften sind zart und eignen sich zum Kurzbraten, Grillen und Braten. Auch Schlögel und Schulter eignen sich zum Braten und Schmoren. Aus dem Schlögel, der Hüftdecke, wird auch der Tafelspitz geschnitten.

SCHWEIN

Gegenüber früher wurde der Fettanteil von Schweinefleisch durch Fütterungs- und Züchtungsmethoden um etwa die Hälfte reduziert. Mageres Schweinefleisch (Schnitzel, Filet, Karree) unterscheidet sich im Energiegehalt kaum mehr von anderen Fleischsorten. Die Wahl zwischen Rind, Schwein oder Pute ist reine Geschmackssache. In der Bio-Schweinehaltung finden Rassen eine Heimat, die für die konventionelle Haltung ungeeignet sind, etwa Mangalitza oder Turopolje. Sie zeichnen sich durch ein besonders fein marmoriertes, zartes und geschmacksintensives Fleisch aus.

LAMMFLEISCH

Lämmer und Schafe werden meist noch naturnah gehalten und gefüttert. **Lämmer** sind Tiere, die noch nicht älter als ein Jahr sind. Meist kommen sie mit 6 Monaten auf den Markt.

Ihr Fleisch ist altrosa mit reinweißer Maserung. Es ist zart, fett- und kalorienarm und fein aromatisch. Bemerkenswert ist der hohe Anteil an Orotsäure, die das Immunsystem stärkt. **Schafe** sind Tiere, die älter als ein Jahr sind. **Hammel** sind männliche, kastrierte Tiere oder weibliche Tiere ohne Nachwuchs, die noch nicht älter als zwei Jahre sind.

GEFLÜGEL

Ich kaufe nur Bio-Geflügel. Damit habe ich nicht nur die Sicherheit, dass die Tiere ein gutes Leben hatten, es garantiert auch besseres, festeres, geschmackvolles Fleisch. Geflügel wird eingeteilt in Magergeflügel wie Huhn, Pute und Taube, und in Fettgeflügel wie Ente und Gans. Eine **Poularde** ist ein großes Masthuhn mit etwa 1,4 Kilogramm. Das **Huhn** ist das am häufigsten verwendete Geflügelfleisch. Junge **Puten** nennt man auch Truthahn oder Indian.

Die erste Wahl bei Gänsen ist die **Weidegans**. Sobald die Tiere befiedert sind, dürfen sie auf die Weide, und dort bleiben sie bis November. Weidegänse haben dunkleres Fleisch und sind aromatischer und fettärmer als Mastgänse. Beifuß als Gewürzkraut macht Gänsefleisch bekömmlicher. **Ente** ist eine Alternative zur gehaltvollen Gans mit gut der Hälfte weniger Fett und mehr Eiweiß.

UNSERE WASSERSCHÄTZE – DIE FISCHE

ÖSTERREICH IST EIN WASSERREICH MIT MEHR ALS 40 SEEN UND UNZÄHLIGEN BÄCHEN UND FLÜSSEN, IN DENEN SICH VIELE FISCHE TUMMELN. ICH LIEBE FISCH, VOR ALLEM UNSEREN HEIMISCHEN SAIBLING.

Die Warme Mandling fließt direkt an unserem Haus vorbei, und am Fuße des Dachsteins fließt die Kalte Mandling. In diesen kristallklaren Wässern tummeln sich kräftige, gesunde Bachforellen, Äschen und Bachsaiblinge. Sie gedeihen nur in bester Wasserqualität, darum sind sie auch so gesund. Das kühle Gebirgswasser lässt die Fische langsam heranwachsen. Das garantiert festes und geschmackvolles Fleisch.

Eine Qualität, die übrigens auch der traditionsreiche Waldviertler **Karpfen** hat, der dort in mehr als tausend „Himmelsteichen" seit dem Mittelalter gehalten wird. Himmelsteiche

nennt man Teiche, die auf Niederschlagswasser angewiesen sind. Neun Monate Winter, drei Monate kalt, so beschreibt der Volksmund das Klima des Waldviertels. Das ist natürlich übertrieben, aber es hält die Karpfenteiche kühl und frisch, und darum ist der Waldviertler Karpfen so fettarm und festfleischig.

Mein Lieblingsfisch, der Filzmooser **Bachsaibling**, hat ein rosafarbenes Fleisch. Er ist so frisch und sein Geschmack ist so fein und zart wie Quellwasser. Sehr gut schmeckt er kurz pochiert, leicht gebraten oder im Ofen gegart. Der Saibling enthält weniger Fett als seine nächsten Verwandten Forelle und Lachs. Die Fettzusammensetzung mit etwa 70 Prozent mehrfach ungesättigten Fettsäuren ist ausgesprochen günstig, der Gehalt an wertvollen Omega-3-Fettsäuren beträgt etwa 3 Gramm pro 100 Gramm.

Es gibt in Österreich auch wunderbare **Seeforellen**, frisch aus unseren Seen. Regenbogenforellen werden überwiegend in Teichwirtschaft gehalten. Da sie gefüttert werden und weniger Freiraum haben, sind sie größer und ihr Fleisch ist nicht ganz so „sportlich" wie das der Bach- oder Seeforellen. Lachsforellen erhalten ihre rötliche Färbung durch spezielles Futter.

Die weltweite Überfischung und Verschmutzung der Meere macht es nicht einfach, gesunden Seefisch mit gutem Gewissen zu kaufen und zu genießen. Das blaue Gütesiegel des MSC (Marine Stewardship Council) kennzeichnet Fische im Handel, die nachhaltig gehalten und gefangen wurden. Darauf sollte man unbedingt achten.
Frische Fische riechen fast gar nicht. Neutraler Fischgeruch ist das wichtigste Merkmal für Frische. Frische erkennt man aber auch an den roten Kiemen und klaren Augen. Gutes Fischfleisch ist fest und elastisch, und das Schuppenkleid ist mit feuchtem Glanz überzogen.
Fangfrische Fische kann man 2 bis 5 Tage gut gekühlt lagern, am besten in einem Glas- oder Keramikgefäß mit Deckel, und wenn es nach alten Fischern geht, dann auf einem Bett aus frischen Brennnesseln. Die sollen den Fisch besonders frisch halten.
Kein Fleisch ist so schnell gekocht wie Fisch. Wichtig ist, dass Fisch nicht durchgegart wird, sondern glasig bleibt. „Glasig" ist das Fachwort, damit gemeint ist saftig. Viel zu oft zerfällt ein Fisch trocken auf dem Teller, das Eiweiß ist ausgeflockt, weil er zu lange einer zu hohen Temperatur ausgesetzt wurde. Ein trockenes Stück Fisch hat keinen Geschmack mehr.
Niemals Wasser kochen lassen, wenn ein Fisch gedünstet werden soll. 70 bis 80 °C genügen. Oder den Fisch im Dampf oder in Pergamentpapier garen. Auch für die Pfanne, den Grill und das Backrohr gilt: nicht zu heiß und nicht zu viel. Das Wichtigste beim Braten ist, dass die Filets bei mittlerer Hitze langsam an der Hautseite gebraten und bis kurz vor dem Bratende nicht gewendet werden. Durch die Weiß-Färbung des Fleisches erkennt man leicht den Garpunkt. Kurz vor Ende wird das Filet gewendet und an der Innenseite nur mehr ein paar Sekunden gebraten.

Fische wurden immer schon geräuchert, um sie zu konservieren. Heutzutage geht es um das besondere Aroma. Durch Räuchern wird dem eingesalzenen Fisch Feuchtigkeit entzogen, und durch die entstehende Wärme findet ein Garprozess statt. Man unterscheidet zwischen dem längeren Kalträuchern bei 30 °C und dem kürzeren Heißräuchern bei 70 bis 80 °C. Geräuchert wird auf Buchenholz, Tanne, Zirbe und Kranewitt (Wacholder).

ÖLE UND BUTTER

DER KÖRPER BRAUCHT GESUNDE FETTE,
UM ZU FUNKTIONIEREN UND ZU STRAHLEN

ÖLE, GOLD
FÜR DIE GESUNDHEIT

HOCHWERTIGE ÖLE BRINGEN NICHT NUR GESCHMACK INS ESSEN,
SIE SIND AUCH EIN LEBENSELIXIER. ABER ÖL IST NICHT GLEICH ÖL. JEDE SORTE
HAT IHREN EIGENEN CHARAKTER, IHR EIGENES GESCHMACKSMUSTER.

Wichtig ist es, den Rauchpunkt eines Öles oder Fettes zu kennen: Wie stark darf ich es erhitzen? Kalt gepresste Öle sollte man nie erhitzen, allenfalls temperieren. Das Öl kann noch so gesund sein – wenn man es zu stark erhitzt, entstehen gesundheitsschädliche Stoffe. Auch bei hitzestabilen Ölen grundsätzlich immer die Pfanne zuerst aufheizen und erst dann das Öl in die heiße Pfanne geben. Es tut keinem Öl gut, unnötig lange miterhitzt zu werden.

Wenn es ein Öl gibt, dem als „gesündestem" Öl die Krone gebührt, dann ist das für mich das **Leinöl**. Kein anderes pflanzliches Öl liefert mehr herzgesunde Omega-3-Fettsäuren als Leinsamenöl. Nicht jeder mag den intensiven, nussigen und etwas an Heu erinnernden Geschmack. Er lässt sich mildern, wenn man es mit einem anderen, neutraler schmeckenden Öl mischt. Wo immer möglich, gebe ich ein paar Tropfen Leinöl dazu, als „Medizin" für Herz und Gefäße. Da man Leinöl innerhalb von 3 Monaten ab Pressung verwendet werden soll, nur in kleinen Flaschen kaufen und schnell verbrauchen.

Das berühmteste heimische Öl ist das unverwechselbare **Kürbiskernöl**. Tiefgrün und dickflüssig kommt es aus der Kaltpressung mit seinem hinreißend intensiven Aroma und samtigen Mundgefühl. Jeder Salat schmeckt damit göttlich, vor allem der Käferbohnen- und Rindfleischsalat, aber auch Bittersalate und Kartoffelsalat. Und was wäre eine Kürbis- suppe ohne einen Schuss Kernöl? Es „trüffelt" Eierspeisen, krönt Krautfleckerln, verzaubert selbst Vanilleeis.

In Österreich gibt es auch ein ganz besonderes Mehlspeisen-Öl, das **Mohnöl**. Neben dem leicht nussig schmeckenden Weißmohnöl ist auch Graumohnöl mit feinem, mildem Mohngeschmack sowie Blaumohnöl mit einem deutlich intensiveren Geschmack erhältlich. Dass Mohn beruhigt, wusste man schon im Mittelalter. Ein wenig dieser geheimen Kraft bahnt sich ihren Weg auch ins Mohnöl. Es verfeinert Zitroneneis, Mehlspeisen wie Palatschinken, Germknödel, Topfenknödel und Grießschmarren, aber auch Rohkostsalate, Tomaten, Mangold und Ricotta. Im Waldviertel hat früher das Mohnöl auch das „ewige Licht" in den Kirchen genährt.

Hochwertige Öle darf man nicht erhitzen. Eine Ausnahme bildet das **Rapsöl**. Es hat einen relativ hohen Gehalt an Ölsäure, einer einfach ungesättigten Fettsäure, und ist daher hitzestabiler als manch anderes Öl. Dadurch eignet es sich zum Dünsten, Kochen oder Backen. Doch auch Rapsöl hat eine Belastungsgrenze.

Zum Frittieren oder scharfen Anbraten gibt es sogenannte „High oleic"-**Bratöle**. Man bekommt sie in guten Reformhäusern. Dabei handelt es sich um Öle von speziell gezüchteten Sonnenblumen- und Distelsorten, die das Öl ganz natürlich hitzestabil halten. Diese speziellen Bratöle vertragen Temperaturen bis zu 210 °C. Auch **Kokosöl** hat von Natur aus ein Fettsäuremuster, das Temperaturen bis 210 °C gut aushält. Kokosöl ist durch die keimhemmende Wirkung lange haltbar und macht dadurch auch Speisen haltbarer.

Ich verwende gerne fruchtiges **Olivenöl**, das sich so gut in die Mittelmeerküche schmiegt. Dass es gesund ist, hat sich ja bereits herumgesprochen. Und ich mag **Sonnenblumenöl**, vor allem für regionale Speisen und Lebensmittel wie die Rote Rübe, Kohlrabi, Schwarzwurzel, Eisbergsalat, Kürbisgemüse, Schnittlauchsauce, Frischkäseaufstriche, Pastinakencremesuppe und auch für Linsen und Geflügel. In hochwertiger Qualität vermittelt Sonnenblumenöl strahlende Lebensfreude und lässt Erinnerungen an einen schönen Sommertag wach werden.

Haselnussöl (wie auch Mandelöl) gilt als exklusive Rarität. Mit seinem zarten Aroma nach Nougat und dem süßlich-intensiven Geschmack ist es der perfekte Tropfen zum Abrunden.

Der kürzeste Weg nach Asien führt über das **Sesamöl**. Es ist in einer hellen, geschmacksneutralen und in einer bernsteinfarbenen, sehr geschmacksintensiven Variante erhältlich. Es eignet sich gut für die Zubereitung von Salaten und asiatischen Gerichten. Das dunkle, kalt gepresste Öl niemals erhitzen, sondern sparsam dosiert – wie Würze – über die schon fertigen Speisen träufeln!

Weizenkeimöl enthält den höchsten Vitamin-E-Gehalt aller Pflanzenöle und zusätzlich noch Provitamin A, Vitamin D und Lecithin. Weil diese hochwertigen Inhaltsstoffe nicht hitzebeständig sind, sollte das teure, überwiegend kalt gepresste Weizenkeimöl nur in der kalten Küche verwendet werden.

MEINE SALAT-MARINADEN

EINFACHE VINAIGRETTE
(für Blattsalate)

2 EL Weißweinessig	Honig nach Geschmack
1 TL Dijonsenf	80 ml Olivenöl oder Sonnenblumenöl,
1 TL Petersilie, fein gehackt	kalt gepresst
Steinsalz und Pfeffer	

Essig mit allen Zutaten verrühren, bis sich das Salz aufgelöst hat. Öl mit einer Schneerute oder Stabmixer einrühren, bis die Masse schön sämig ist.

Oder: Alle Zutaten in ein Schraubglas geben und kräftig schütteln. Das ist ideal für Mitnehmsalate. Die Marinade hält verschlossen im Kühlschrank ein paar Tage.

BALSAMICO-DRESSING
(für Blatt- und Bittersalate, Tomatensalat, Gemüsesalate)

1 ½ EL Balsamico, weiß oder dunkel	Meersalz aus der Mühle
2 TL Limetten- oder Zitronensaft	80 ml Olivenöl, kalt gepresst
1 TL brauner Zucker	

Zubereitung wie bei der einfachen Vinaigrette.

BUTTERMILCH-DRESSING
(für Blattsalate mit kräftigen Strukturen, z.B. Eisberg)

3 EL Buttermilch	Je 2 TL Schnittlauch und Petersilie,
60 ml Sauerrahm	fein geschnitten
2 TL Weißweinessig	Steinsalz und Pfeffer
1 TL Dijonsenf	Honig nach Geschmack

Hier tragen die wunderbaren, feinsäuerlichen Milcharomen die Würze. Zuerst Buttermilch, Sauerrahm, Weißweinessig und Dijonsenf verrühren, dann die Kräuter unterziehen und mit Steinsalz, Pfeffer und Honig abschmecken.

TIPP: Gibt man zum Buttermilch-Dressing 75 g fein geriebenen Blauschimmelkäse oder Parmesan dazu, hat man ein wunderbares Caesars Dressing. Köstlich zu Romana-Salat mit Weißbrotcroutons und frisch gehobeltem Parmesan.

ASIATISCHES DRESSING

(für Nudel- und Glasnudelsalate und Gemüse)

60 ml Limetten oder Zitronensaft	2 EL Wasser
1 EL brauner Zucker	½ Chili, fein gehackt
3 TL koreanische Fischsauce	2 TL frischer Koriander, fein gehackt
1 TL Sojasauce	Je 1 EL Olivenöl und helles Sesamöl

Alle Zutaten verrühren, bis sich der Zucker aufgelöst hat.

KANNST DU MIR BITTE DIE BUTTER REICHEN?

WIE OFT SAGEN ODER HÖREN WIR DAS? BUTTER SCHMECKT EIGENTLICH ZU ALLEM: AUF BROT, ZU KARTOFFELN, ZU GEMÜSE, FLEISCH ODER FISCH UND IM KUCHEN. MIT BUTTER WIRD EINFACH VIELES BESSER, UND SIE IST AUCH GESUND.

Doch Butter ist nicht gleich Butter. Die Konsistenz wird vom Fettsäuremuster der Milch beeinflusst. Die Zusammensetzung der Fettsäuren in der Milch ist von der Fütterung der Milchkühe abhängig und unterliegt saisonalen Schwankungen. Im Sommer bekommen die Weidekühe frische Gräser und Kräuter von saftigen Wiesen, was sich positiv auf die Streichfähigkeit und auch auf den Vitamingehalt auswirkt. Im Winter steht Heu auf ihrem Speiseplan – das führt zu einer kompakteren und festeren Konsistenz. Auch die Farbe der Butter hängt von der Fütterung der Kühe ab, beispielsweise sind Sommer- und Heumilch-Butter in der Farbe deutlich gelber. Oft werden auch Farbstoffe zugesetzt, entweder der Butter oder dem Futter. Wie bei allen Lebensmitteln sollte man immer die Liste der Inhaltsstoffe auf der Verpackung lesen. Wir leben hier in den Bergen und bekommen unsere Butter von den Milchbauern. Das ist ein großes Glück.

AROMATISIERTE BUTTER IST EIN HIGHLIGHT IN DER KÜCHE

Man bekommt einen ganz neuen Blick auf die gesunde Naturbutter, wenn man köstliche Buttervariationen – wie Pflanzenöle – zum Verfeinern und Würzen von Speisen verwendet.

BÄRLAUCH- ODER KRÄUTERBUTTER

Entweder je 1 Handvoll frischer Bärlauch und Petersilie oder 2 Handvoll gemischte Kräuter (z.B. Petersilie, Kerbel, Basilikum, Dille)	250 g Bio-Butter
	½ EL Kräutergewürz
1 Hauch Leinöl oder Olivenöl	1 EL GUTE SUPPE GEMÜSE

Die fein gehackten Kräuter mit dem Öl in der Moulinette fein mixen. Die zimmerwarme, sehr weiche Butter zusammen mit dem Kräutergewürz und der GUTEN SUPPE GEMÜSE cremig aufschlagen, dann nach und nach das Kräuteröl unterschlagen.

Bärlauchbutter passt überall, wo auch Knoblauch passt. Sein mildes Aroma lässt ihn zarter als Knoblauchbutter, aber würziger als andere Kräuterbutter schmecken. Ich streiche Bärlauchbutter aufs Brot, brate Fisch darin, verfeinere damit Nudeln und Reis, lege sie auf Steaks, Schweinekoteletts und Gemüse. Sie lässt sich wunderbar einfrieren.

PILZBUTTER

200 ml Wasser	I EL frische Petersilie, fein gehackt
I TL GUTE SUPPE GEMÜSE	I TL Kräutergewürz
2 EL getrocknete, aromatische Pilze	Bergpfeffer
250 g Bio-Butter	

Wasser mit GUTE SUPPE GEMÜSE aufkochen, die Pilze dazugeben und die Flüssigkeit komplett einreduzieren lassen. Die Pilze abkühlen lassen. Die weiche Butter cremig aufschlagen, die Pilze einrühren und mit Petersilie, Kräutergewürz und Bergpfeffer abschmecken. Pilzbutter schmeckt zu Bauern- und Roggenbrot, verfeinert Pilznudeln, Pilzrisotto, Pilzsaucen, Wild, Fisch und Fleisch, passt zu Ofenkartoffeln und gegrilltem Gemüse.

RHABARBERBUTTER

50 g Rhabarber, klein geschnitten	I Prise Zitronensaft
50 g Himbeeren	Staubzucker nach Geschmack
250 g Bio-Butter	I Prise Salz

Rhabarber und Himbeeren im Backofen auf Backpapier weich garen, passieren und abkühlen lassen. Die weiche Butter cremig aufschlagen, das Rhabarbermus einrühren und mit Zitronensaft, Staubzucker und Salz beliebig abschmecken. Wir servieren diese fruchtig-säuerliche Butter nicht nur zu Brioche. Unser Bachsaiblingsfilet wird zum Beispiel mit einem Hauch Rhabarberbutter bestrichen und mit Brennnessel-Spinat serviert.

MARILLENBUTTER

250 g Marillen	I Msp. Ingwer
250 g Bio-Butter	Etwas Vanillezucker
Zitronensaft	

Marillen weich dünsten, abseihen, fein passieren und abkühlen lassen. Die weiche Butter cremig aufschlagen, das Marillenmus einrühren und mit Zitronensaft, Ingwer und Vanillezucker beliebig abschmecken. Wir servieren zu Brioche immer eine passende Saison-Fruchtbutter. Das Rezept kann im Herbst zum Beispiel einfach mit Zwetschke oder mit halb Holunder- und halb Heidelbeeren abgewandelt werden. Fruchtbutter ist für alle, denen Marmeladen zu süß sind, eine gute Alternative. Sie aromatisiert aber auch einen ganz klassischen Grießbrei oder Milchreis.

FÜNF-
ELEMENTE-
SUPPEN

KRAFTSPENDER VON GEFLÜGEL,
GEMÜSE ODER RIND

FÜNF-ELEMENTE-SUPPEN

SUPPEN SIND GANZ BESONDERE WOHLFÜHLMOMENTE, WENN SIE ALLE FÜNF GESCHMACKSRICHTUNGEN ENTHALTEN, DA JEDE EINE UNTERSCHIEDLICHE WIRKUNG AUF DEN ORGANISMUS HAT: SALZIG, SAUER, BITTER, SÜSS UND SCHARF. ES LOHNT SICH, DIESE SUPPEN AUF VORRAT ZU KOCHEN. EINFACH PORTIONSWEISE TIEFKÜHLEN.

Diese Kraftspender von Gemüse, Geflügel oder Rind schmecken pur oder mit beliebigen Einlagen. Ich verwende diese Fonds auch zum Verfeinern von Gemüsecremesuppen und vielen anderen Speisen.

In alle drei Fünf-Elemente-Suppen gebe ich 15 Minuten vor Ende der Kochzeit einen Teelöffel aromatische Angelikawurzel (Engelwurz) dazu. In der Volksheilkunde ist sie als Stärkungsmittel bekannt, das tonisiert, den Verdauungstrakt, das Nervensystem und die Lebensenergie kräftigt. Ihr Gerbstoff und Vitamin B 12 setzen in unserem Körper Glückshormone frei. Im Winter gebe ich zusätzlich noch wärmenden Ingwer oder Galgant und einen Hauch Chili zur Suppe.

MEINE FÜNF-ELEMENTE-SUPPE
GEMÜSE (FOND)
Zubereitung ca. 1 ½ Stunden, ergibt ca. 2 Liter Suppe

2 ½ l Wasser	1 Lorbeerblatt
Je 110 g Stangensellerie, Knollen-Sellerie und Petersilienwurzel	1 gehäufter EL Liebstöckel, getrocknet
	1 gehäufter EL frische Petersilienstängel
1 ½ Karotten	½ TL Bockshornkleesamen
¼ Zwiebel, geschält, klein geschnitten	Je 1 Msp. Thymian und Rosmarin, getrocknet
2 Champignons, weiß	½ TL Oregano, getrocknet
¼ Fenchelknolle	1 Msp. Anissamen
1 ½ Tomaten	1 TL Angelikawurzel (Apotheke)
1 ½ EL Steinsalz	

Alle Zutaten kalt zustellen, einmal aufkochen lassen und dann so lange langsam vor sich hinköcheln (= lächeln) lassen, bis das klein geschnittene Gemüse weich ist. Erst 15 Minuten vor Schluss die Angelikawurzel dazugeben. Danach abseihen und eventuell nachwürzen.

MEINE FÜNF-ELEMENTE-SUPPE
GEFLÜGEL (FOND)

Dauer ca. 2 Stunden, ergibt ca. 2 Liter Suppe.

½ Bio-Huhn	1 Zwiebel
3 l Wasser	Je 1 TL Koriander und Bockshornkleesamen, Thymian, Pfefferkörner schwarz
2 Tomaten	
5 Champignons	1 EL Liebstöckel
1 Karotte	2 Lorbeerblätter
½ Stange Lauch	Steinsalz
¼ Knollensellerie	2 EL GUTE SUPPE GEMÜSE
2 Stangen Staudensellerie	1 TL Angelikawurzel (Apotheke)

Das Huhn waschen, in kochendem Wasser 5 Minuten blanchieren und danach kalt abspülen. So setzen sich die Trübstoffe ab und die Suppe bleibt klar. Man kann dann auch die Haut leicht abziehen, so wird die Suppe fettärmer.

Gereinigtes Gemüse, Huhn und Gewürze in 3 l Wasser kalt ansetzen, einmal aufkochen und ungefähr 1 ½ Stunden leicht köcheln (= lächeln) lassen. Erst 15 Minuten vor Schluss die Angelikawurzel dazugeben.

Die Suppe abseihen und eventuell nachwürzen.

Ich verwende den Geflügelfond für Huhn- und Putengerichte, Wok-Gerichte, Currys oder für klassische und asiatische Suppen und Saucen aller Art. Er passt auch zu Fischgerichten.

MEINE FÜNF-ELEMENTE-SUPPE
RIND (FOND)

Dauer ca. 2 Stunden, ergibt ca. 2 Liter Suppe.

1 kg oder mehr Rinderschulter oder Tafelspitz	¼ Sellerie
1 Zwiebel, halbiert und braun geröstet	2 Stangen Stangensellerie
Etwas Maiskeimöl zum Anbraten	Je 1 TL Koriander und Bockshornkleesamen, Thymian, Pfefferkörner schwarz
3 l Wasser	
2 Tomaten	1 EL Liebstöckel
5 Champignons	2 Lorbeerblätter
1 Karotte	Steinsalz
½ Lauch	1 TL Angelikawurzel (Apotheke)

Die Rinderschulter in kochendem Wasser 5 Minuten blanchieren, herausnehmen und kalt abspülen. So setzen sich die Trübstoffe ab und die Suppe bleibt klar. Inzwischen die halbierte Zwiebel mit der Schnittstelle nach unten in etwas Maiskeimöl braun rösten.

Das Fleisch mit der Zwiebel, dem gereinigten Gemüse und den Gewürzen in 3 l kaltem Wasser aufsetzen, einmal aufkochen und ungefähr 2 Stunden leicht köcheln (= lächeln) lassen. Erst 15 Minuten vor Schluss die Angelikawurzel dazugeben.

Die Suppe abseihen und eventuell nachwürzen. Ich lasse kurz vorm Anrichten immer ein paar Stängel Petersilie in der heißen Suppe ca. IO Minuten ziehen, dann wieder entfernen. Das gibt der Suppe eine unglaubliche Frische.

Ich verwende meinen Rinderfond als Grundlage für kräftige Saucen, z. B. für die beliebte braune Rahmsauce zu Rinder- und Wildbraten, zu gebratenem dunklen Geflügelfleisch, zu Innereien und auch für eine kraftvolle Sauce Bordelaise zu Entrecotes, Rindersteaks oder Zunge.

VERWENDUNG DES FLEISCHES

Entweder man serviert das gekochte Rindfleisch oder den Tafelspitz mit seinen klassischen Beilagen. Oder man macht einen Rindfleischsalat oder eine gute Tellersulz. Dazu das abgekühlte, mundgerecht geschnittene Fleisch und das Gemüse dekorativ in einem Teller auflegen und mit Suppe, die mit Gelatine gebunden wurde, bedecken (man rechnet immer I,2 Blatt Gelatine auf IOO ml Suppe). Kalt stellen und fest werden lassen, mit Kernöl, Vinaigrette und Käferbohnen vor dem Servieren ausgarnieren.

Für ein Wiener Backfleisch das gekochte Rindfleisch in etwa I cm starke Scheiben schneiden. Mit scharfem Senf bestreichen und in geriebenen Kren tauchen. Das Rindfleisch klassisch panieren und in Butterschmalz ausbacken.

Gekochtes Rindfleisch ist, mit Salzwasser bedeckt, im Kühlschrank gut eine Woche haltbar. Dazu Wasser erhitzen und so viel Salz darin auflösen lassen, bis es gut salzig schmeckt. Abgekühlt über das Rindfleisch gießen, es muss zur Gänze bedeckt sein.

GELIEBTES
NEU GEDACHT

HAUSMANNSKOST IST HEIMATLIEBE, DIE DURCH DEN MAGEN GEHT.
SIE TUT GUT, WEIL SIE DAS HERZ BERÜHRT. TRADITIONSGERICHTE SCHMECKEN
MEIST DER GANZEN FAMILIE, ERINNERN WOHLTUEND AN DIE EIGENE KINDHEIT
UND HABEN IMMER EINE HOHE EMOTIONALE QUALITÄT.

Was wir von klein auf als nährend, wohlschmeckend und tröstend erlebt haben, wirkt auch heute noch gut. Insofern hat Geliebtes und Gewohntes auch viel mit individuellen Erfahrungen und persönlichen Vorlieben zu tun. Geschmack wird in der Kindheit geprägt, jeder Mensch hat seine eigene Geschmacksheimat. Jeder kann sich an Neues gewöhnen und einen eigenen Geschmack entwickeln, doch die Lieblingsspeisen aus Mamas oder Omas Küche sorgen in der Regel ein Leben lang für besondere Momente – selbst wenn wir weit von Zuhause weg sind, verspüren wir so ein Heimatgefühl.

BITTERSALATE
MIT BIRNEN, RÜBEN UND NÜSSEN

ICH MAG BITTERSALATE, SIE ERFRISCHEN UND BELEBEN MICH.
EIN ALTES SPRICHWORT SAGT: „BITTER IM MUND MACHT DEN MAGEN GESUND."
WER VOR DEM ESSEN EINEN KLEINEN BITTERSALAT GENIESST, GÖNNT SICH QUASI
EINEN MAGENBITTER OHNE ALKOHOL. DARUM MACHT EIN SALAT VOR ALLEM
VOR DEFTIGEN SPEISEN GANZ VIEL SINN.

Gemischte Bittersalate (je ½ Kopf z.B. Frisée/Endivie, Chicorée, Radicchio)	1 TL Honig
	5 EL Walnussöl
3 EL Apfelessig	8 Mini-Rüben, geschält, geviertelt und gegart (Chiogga-Rüben, Rote Rüben oder Gelbe Rüben)
3 EL Fünf-Elemente-Suppe (Gemüse, Geflügel oder Rind)	2 Kompottbirnen oder reife Birnen
KRÄUTERGEWÜRZ	12 Walnuss-Hälften (pro Person 3 Stück)
BUNTER BERGPFEFFER	Kresse zum Garnieren

Salate waschen und trocken schleudern. Essig und Fond mit Kräutergewürz, Bergpfeffer und Honig verrühren, unter Rühren langsam Öl dazufließen lassen. Die Rüben unter die Marinade heben. Die Bittersalate erst kurz vor dem Servieren marinieren, mit Birnen, Nüssen und Kresse ausgarnieren.

Zubereitungszeit: 15 Minuten

TIPP

Die im Inneren rot-weiß-rot geringelte Chiogga-Rübe ist eine Unterart
der Roten Rübe. Sie schmeckt leicht süßlich und weniger erdig. Nie zu lange kochen,
sonst verliert sie ihr schönes Muster. Man kann sie auch roh genießen,
z.B. als Carpaccio.

KÜRBISCREMESUPPE

MIT BOSKOOP-APFEL, ZIMT UND KARDAMOM

WENN ES DRAUSSEN TRÜB UND DUNKEL WIRD, ZAUBERT UNS DER KÜRBIS
FARBE AUF DEN TISCH. BUNTE SUPPEN SIND DER GENÜSSLICHSTE UND SCHNELLSTE
WEG, UM SICH WOHL UND GESÄTTIGT ZU FÜHLEN. AUCH AM ARBEITSPLATZ –
EINFACH IN SCHRAUBGLÄSER FÜLLEN UND MITNEHMEN.

3 EL Butter (ca. 40 g)	500 ml Fünf-Elemente-Suppe (Gemüse, Geflügel oder Rind)
1 Zwiebel, klein geschnitten	1 Prise Kardamom
200 g Karotten, geschält und kleinwürfelig geschnitten	1 Msp. Chilischote, klein geschnitten
200 g Butternusskürbis, geschält und kleinwürfelig geschnitten	Je 1 TL AYURVEDISCHES MASALA und HABIBI-GEWÜRZ
1 Boskoop-Apfel, geschält und gewürfelt	SÜSSE KÜCHE (oder 1 Prise Zimt und Sternanis)
1 TL Ingwer, klein geschnitten	Zitronensaft
500 ml Karottensaft	Steinsalz und Zucker
500 ml Wasser	

Butter erhitzen, Zwiebel dazugeben, kurz anschwitzen. Dann Karotten, Kürbis, Apfel und
Ingwer dazugeben, ca. 5 Minuten schmurgeln lassen, mit Karottensaft, Wasser und Suppe
aufgießen, aufkochen und zugedeckt ca. eine halbe Stunde sanft köcheln lassen, bis das
Gemüse ganz weich ist.

Die Suppe mixen und mit den Gewürzen abschmecken.

Zubereitungszeit: 45 Minuten

TIPP

Besonders cremig schmeckt die Suppe,
wenn man sie zum Schluss mit Sahne verfeinert.

STEIRISCHES WURZELFLEISCH VOM JUNG-SCHWEIN
MIT APFELKREN UND HEURIGEN KARTOFFELN

EIN PRAKTISCHES REZEPT, DENN HIER WERDEN SUPPE, FLEISCH UND GEMÜSE
IN NUR EINEM TOPF GEKOCHT. TRADITIONELL WIRD WURZELFLEISCH IN SUPPENTELLERN
GEGESSEN, WEIL IMMER ETWAS FOND ANGEGOSSEN WIRD, DAMIT FLEISCH,
GEMÜSE UND KARTOFFELN EIN SAFTIGES UMFELD HABEN.

WURZELFLEISCH

1 kg Schulter vom Bio-Jung-Schwein
2 l Wasser
3 Karotten
1 Stange Lauch
¼ Knollensellerie
2 Stangen Staudensellerie
1–2 Knoblauchzehen
Je 3 Wacholderbeeren, Lorbeerblätter,
Korianderkörner und weiße Pfefferkörner
100 ml trockener Weißwein
50 ml Weißweinessig
Salz und Pfeffer

APFELKREN

1 Apfel
1 Stück Kren
2 EL Zitronensaft

AUSSERDEM

12 Perlzwiebel aus dem Glas
8 kleine Heurige Kartoffeln,
geschält und gekocht
Schnittlauch und Petersilienblätter
zum Garnieren

Wurzelfleisch: Zuerst das Fleisch in kochendem Wasser 5 Minuten blanchieren, herausnehmen und kalt abspülen. So setzen sich die Trübstoffe ab und die Suppe bleibt klar. 2 l Wasser, Wein und Essig aufkochen, das Fleisch mit der Hälfte des gereinigten und geschälten Gemüses, den Gewürzen und Kräutern etwa eineinhalb Stunden zugedeckt leicht köcheln lassen.

Das restliche Gemüse in feine Streifen schneiden und in etwa 2 Schöpfern des Fonds auf Biss garen.

Apfelkren: Inzwischen den geschälten und fein geriebenen Apfel mit dem frisch geriebenen Kren und dem Zitronensaft vermengen.

Das gekochte Fleisch in dünne Scheiben schneiden, mit Fond, Streifen-Gemüse, Apfelkren, Perlzwiebeln und den Kartoffeln anrichten. Mit Schnittlauch und Petersilie ausgarnieren.

Zubereitungszeit: ca. 1 ½ Stunden

FORELLE BLAU

MIT KIPFLER

BLAU KOCHEN TUT GUT. BLAU KOCHEN SCHONT DIE NÄHRSTOFFE
UND DIE AROMEN VON ZARTEM FORELLENFLEISCH. WASSER KANN NÄMLICH
NICHT HEISSER ALS 100 °C WERDEN, BEIM BRATEN IN DER PFANNE ERREICHT
MAN TEMPERATUREN ZWISCHEN 180 °C UND 200 °C, IM BACKOFEN UND
AUF DEM GRILL SOGAR BIS ZU 250 °C. WENN MAN BLAU KOCHT, SCHMECKT FISCH
VOR ALLEM NACH FISCH: KLAR, FRISCH, MINERALISCH.

FORELLE

350 ml Fünf-Elemente-Suppe Gemüse
(oder Fischfond)

150 ml grüner Veltliner

½ TL Steinsalz

2 Lorbeerblätter

5 Pfefferkörner, ganz

5 Wacholderbeeren

½ weiße Zwiebel, geschält und
in feine Scheiben geschnitten

4 Bachforellenfilets (oder Saibling
oder Seeforelle), frisch

½ Karotte

½ gelbe Rübe

¼ Sellerie

AUSSERDEM

8 Kipfler oder Heurige Kartoffeln

5 Stängel Petersilie

½ TL Kümmel

50 g Butter für Nussbutter

FISCHGEWÜRZ zum Abschmecken

Forelle: Fond und Wein erhitzen, Salz, Lorbeerblätter, Pfefferkörner und Wacholderbeeren hinzufügen und einmal aufkochen lassen. Zwiebelscheiben und Forellen in den Fond geben, das in feine Streifen geschnittene Gemüse dazugeben und die Forellen 10–15 Minuten leicht im geschlossenen Topf ziehen lassen.

Ungeschälte **Kartoffeln** in leicht gesalzenem Wasser mit Petersilienstängel und Kümmel auf Biss garen, danach schälen.

50 g Butter unter ständigem Rühren so lange langsam schmelzen, bis sie goldgelb ist. Dadurch ergibt sich der nussige Geschmack.

Forellenfilets mit dem Gemüse und dem Fond in tiefen Tellern anrichten, mit etwas Fischgewürz bestreuen und mit frischen Kräutern ausgarnieren. Dazu die Nussbutter in einem Schälchen servieren.

Zubereitungszeit: 35 Minuten

KALBSRAHMGULASCH
MIT TOPFEN-SCHNITTLAUCH-NOCKERL

DIE FEINE SCHWESTER DES GULASCHS SCHMECKT AUCH MIT HÜHNER-
ODER PUTENFLEISCH. SPÄTZLE SIND DIE TYPISCHE BEILAGE, MAN KANN
ABER AUCH ANDERE TEIGWAREN ODER KARTOFFELN DAZU SERVIEREN.

GULASCH
I kg Kalbsnuss
300 g Zwiebel, geschält und klein gewürfelt
80 g feine Räucherspeckstreifen
7 EL Maiskeimöl zum Anbraten
2 rote Gemüsepaprika, gewürfelt
2 große reife Tomaten, gewürfelt
I Knoblauchzehe
I Lorbeerblatt
I–2 EL Paprikapulver, edelsüß
I EL Tomatenmark
I l Wasser
I EL GUTE SUPPE GEMÜSE
⅛ l Sauerrahm
I ½ EL Mehl
Zitronenzesten von ½ Bio-Zitrone
Steinsalz und BUNTER BERGPFEFFER

SAUERRAHMCREME
75 g Sauerrahm und 75 g Frischkäse, verrührt

SCHNITTLAUCHNOCKERL
125 g Mehl
250 g Topfen 20 %, gut ausgedrückt
2 Eier
2 Eigelb
4 EL Schnittlauch, fein geschnitten
BAUERNGARTENSALZ
Muskatnuss, frisch gerieben
Butter zum Anschwenken
Schnittlauch zum Garnieren

Für das **Gulasch** das Fleisch in ca. 4 cm große Würfel schneiden. Zwiebel und Speck in Maiskeimöl goldgelb anrösten; Paprika, Tomaten, Knoblauch und Lorbeer dazugeben und ca. I5
Minuten zugedeckt schmoren lassen, bis alles eingekocht ist.

Paprikapulver und Tomatenmark dazugeben, eine halbe Minute weiter schmoren lassen, das Fleisch dazugeben und dann mit Wasser ablöschen. GUTE SUPPE GEMÜSE dazugeben und ca. I Stunde zugedeckt köcheln lassen, bis das Fleisch weich ist.

Das Fleisch herausnehmen, Fond passieren, Sauerrahm und Mehl glatt verrühren und in
den kochenden Fond einrühren. Das Ganze kurz köcheln lassen, das Fleisch wieder dazugeben, mit Zitronenzesten und den Gewürzen pikant aromatisieren. Das Kalbsrahmgulasch mit
der **Sauerrahm-Frischkäse-Mischung** ausgarnieren.

Topfen-Schnittlauch-Nockerl: Alle Zutaten gut verrühren, würzen und zu einem glatten
Teig verarbeiten. Zugedeckt ein halbe Stunde quellen lassen. Den Teig durch einen Spätz-
lehobel in siedendes Salzwasser gleiten lassen. Die Nockerl sind gar, sobald sie an der
Oberfläche schwimmen, das dauert nur ein paar Minuten.

Die Nockerl abseihen, kalt abschrecken, abtropfen lassen. Vor dem Anrichten in zerlas-
sener Butter schwenken und erwärmen. Mit fein geschnittenem Schnittlauch bestreuen.

Dazu passt herrlich ein Vogerl-Radieschen-Salat mit unserem Buttermilch-Dressing (siehe
Seite 65).

Zubereitungszeit: I ½ Stunden

KAISERSCHMARREN

MIT WALNÜSSEN UND APFELMUS

ODER

KÄSEKAISERSCHMARREN

MIT PREISELBEEREN UND APFELSTIFTERL

AUS SCHLICHTEN GERICHTEN ETWAS BESONDERS FEINES ZU MACHEN,
IST TYPISCH FÜR DIE ÖSTERREICHISCHE KÜCHE. DAS SCHLAGEN VON EIKLAR ZU SCHNEE
HAT DEN EINFACHEN PALATSCHINKENTEIG ZUM KAISERSCHMARREN GEADELT.
MIR SCHMECKT ER AUCH PIKANT MIT KÄSE.

KAISERSCHMARREN

4 Eier
100 g Zucker
1 TL Vanillezucker
Je 40 g glattes und doppelgriffiges Mehl
140 ml Heumilch
1 Prise Salz

FÜR DEN SÜSSEN SCHMARREN

Rosinen nach Geschmack,
20 Minuten in Traubensaft eingelegt
10 Walnusshälften, grob gehackt
Staubzucker zum Bestreuen

APFELMUS

1 kg säuerliche Äpfel (z.B. Boskoop, Braeburn)
Naturtrüber Apfelsaft nach Bedarf
1 Prise SÜSSE KÜCHE (oder ¼ Zimtrinde,
3 Gewürznelken, 1 Sternanis)
1 Msp. Vanillemark
Honig und Zitronensaft nach Geschmack

FÜR DEN KÄSEKAISERSCHMARREN

2 Handvoll geriebener Vorarlberger Bergkäse
oder Gruyère
10 Walnusshälften, grob gehackt
2 Äpfel, in Stifte geschnitten
Preiselbeermarmelade

Kaiserschmarren: Die Eier trennen, das Eiklar auf mittlerer Stufe anschlagen, bis es weiß wird, dann mit der Hälfte des Zuckers nach und nach bis zur „Vogelnase" cremig aufschlagen (siehe Seite 54). Restliche Zutaten mit einem Schneebesen glatt rühren, Eischnee unterheben und die Masse in eine heiße, mit Öl ausgestrichene Pfanne geben. Für den **süßen Schmarren** die eingelegten, saftigen Rosinen und Nüsse darüberstreuen und bei 170 °C im vorgeheizten Ofen ca. 20 Minuten backen. Den Schmarren herausnehmen, stürzen und mit zwei Löffeln in gleich große Stücke reißen. Mit Staubzucker bestreuen. **Apfelmus:** Die Äpfel schälen, in Spalten schneiden, in den Topf geben und mit Apfelsaft bedecken. SÜSSE KÜCHE oder Gewürze und das Vanillemark beigeben, aufkochen und dann auf kleinster Flamme gar ziehen lassen. Mit dem Mixstab pürieren und mit Honig und Zitronensaft abschmecken.

    Käsekaiserschmarren: Die Zubereitung ist dieselbe, nur dass man den Zucker und Vanillezucker weglässt und dafür die Hälfte des geriebenen Bergkäses und die Nüsse unter die Masse hebt. Über den fertigen, in Stücke zerteilen Schmarren den restlichen Käse streuen. Mit Apfelstiften und Preiselbeermarmelade servieren.

Zubereitungszeit: 35 Minuten

SALZBURGER NOCKERL

„SÜSS WIE DIE LIEBE UND ZART WIE EIN KUSS", SO BEGEISTERN UNSERE SALZBURGER
NOCKERL SCHON SEIT DER BAROCKZEIT. DREI SPITZE NOCKEN SOLLEN
SIE HABEN, DENN DIE SCHAUMIGE SÜSSSPEISE SOLL NACH EINER LEGENDE
DIE DREI VERSCHNEITEN SALZBURGER HAUSBERGE DARSTELLEN:
MÖNCHSBERG, KAPUZINERBERG UND GAISBERG.

7 Eiklar	150 g Himbeermark (passierte Himbeeren, nach Belieben gesüßt)
80 g Zucker	
4 Eigelb	Staubzucker zum Bestreuen
3 EL Mehl	Etwas Butter für die Form
1 Prise Salz	

Den Backofen auf 200 °C vorheizen. Eine mittelgroße Auflaufform ausbuttern.

Eiklar mit Zucker nach und nach bis zur „Vogelnase" cremig aufschlagen (siehe Seite 54). Die Eigelbe verrühren und locker mit einem Kochlöffel unter die Eischneemasse heben. Das Mehl auf die Masse sieben und vorsichtig unterheben, bis eine homogene, luftige Masse entsteht. Salzen.

Das Himbeermark in die Auflaufform streichen und die Nockerlmasse mit einer Teig-karte nebeneinander zu drei Spitzen portionieren.

Im vorgeheizten Backofen 15–20 Minuten auf der mittleren Schiene backen, heraus-nehmen, mit Staubzucker bestreuen und sofort servieren. Salzburger Nockerl werden direkt in der Form sofort serviert, da sie sonst rasch zusammenfallen. Dazu cremiges Vanilleeis in Schälchen reichen.

Zubereitungszeit: 35 Minuten

MEIN BLECHKUCHEN X 3

SÜSS-FRUCHTIGER DUFT ZIEHT DURCHS HAUS! DER BLECHKUCHEN VON MEINER KOCHFREUNDIN RENATE LÖSCHER IST EIN GESELLIGKEITSKUCHEN UND DIE EINFACHSTE MÖGLICHKEIT, DIE GANZE FAMILIE SCHNELL RUND UM DEN KÜCHENTISCH ZU VERSAMMELN. DIREKT VOM BLECH SERVIERT MACHT ER ALLE GLÜCKLICH.

250 g Butter, weich	1 TL Backpulver
250 g Staubzucker	³⁄₁₆ l Milch
1 Msp. Vanillemark	Obst der Saison (z.B. Kirschen, Marillen, Zwetschken, Beeren)
1 Prise Salz	
Zesten von 1 Bio-Zitrone, fein gerieben	Mandelblättchen und Staubzucker zum Bestreuen
4 ganze Eier	
400 g Mehl	

Variante I pur: Butter, Staubzucker, Vanille, Salz und Zitronenschale gut schaumig rühren, Eier einzeln unterrühren, gesiebtes Mehl und Backpulver vermengen und mit der Milch unter die Buttermasse rühren. Teig auf ein mit Backpapier ausgelegtes Backblech streichen, mit Obst belegen und mit Mandelblättchen bestreuen. Im 180 °C heißen Ofen 30–35 Minuten backen. Erkalten lassen, mit Staubzucker bestreuen, in Stücke schneiden und servieren.

Variante II mit Nussstreusel: Je 5 g Butter, brauner Zucker, Mehl, Haselnüsse und etwas Zimt in eine Schüssel geben und zwischen den Händen zu krümeligen Streusel verarbeiten. Diese über den mit Obst belegten Kuchenteig verteilen und bei 180 °C ca. 40–45 Minuten backen.

Variante III mit Topfen: 250 g Topfen (20 %), 100 g Staubzucker, 1 Msp. Vanillemark, 1 Ei, je 2 EL Grieß und Rum und die abgeriebene Schale von ½ Zitrone miteinander verrühren, auf den Teig streichen, mit den Früchten belegen und bei 180 °C ca. 40–45 Minuten backen.

Zubereitungszeit: ca. 60 Minuten

REZEPTE
FÜR JEDEN TAG

WER FIT UND FROH DURCH DIE WOCHE KOMMEN WILL, SOLL ES BUNT TREIBEN,
MIT VIEL OBST UND GEMÜSE, DENN NÄHRSTOFFMANGEL SCHLÄGT SICH
AUCH AUFS GEMÜT. FARBEN AUF DEM TELLER SIND ZUDEM EIN AUGENSCHMAUS
MIT POSITIVER WIRKUNG AUF KÖRPER UND GEIST.

Mutter Natur stellt Farben und Formen in einer erfreulichen Vielfalt bereit. Garnieren Sie alles mit Kräutern, Sprossen, Beeren, buntem Gemüse oder Nüssen. Der minimale Aufwand hat maximale Wirkung. Mit farbenfrohen Speisen können Sie sich selbst und die Menschen, die Sie bekochen, positiv beeinflussen. Rot hebt die Stimmung und steigert die Potenz. Orange fördert die Durchblutung und die Lebensfreude. Gelb soll Arbeitsunlust und Prüfungsangst vertreiben. Grün harmonisiert und entgiftet den Körper. Rosa besänftigt aggressive Stimmungen. Blau entspannt. Weiß erfrischt. Probieren Sie es aus, zaubern Sie mit Farben!

WILDKRÄUTERSALAT
MIT GEGRILLTER WASSERMELONE

DIESER SALAT IST EIN QUICKIE. ER ERFRISCHT, IST BUNT UND GESUND, UND MIT KICHER-ERBSEN SÄTTIGT ER LANGE, OHNE DEN KÖRPER ZU BELASTEN. DAS WUSSTE SCHON HILDEGARD VON BINGEN: „DIE KICHERERBSE IST WARM UND ANGENEHM UND LEICHT ZU ESSEN UND SIE VERMEHRT DEM, DER SIE ISST, NICHT DIE ÜBLEN SÄFTE."

SALAT
100 g Spitzkraut (Frühkraut)
2 Handvoll gemischte Sommersalate (z.B. Babyblattspinat, Pflücksalat, Batavia, Eichblatt)
1 kleiner Kopfsalat
200 g Kichererbsen aus der Dose, Quinoa oder Bulgur (nach Belieben)
1 Handvoll Wildkräuter: Vogelmiere, Spitzwegerich, Löwenzahn, Kapuzinerkresse, Frauenmantel (oder Minze, Basilikum, Koriander, Kerbel)
50 g Heidelbeeren
50 g gemischte Nüsse
100 g Sojasprossen

DRESSING
100 ml Buttermilch
100 g Sauerrahm
BAUERNGARTENSALZ und geschroteter Pfeffer
Etwas Zitronensaft und weißer Balsamico
Honig und Leinöl nach Geschmack

AUSSERDEM
4 Scheiben Wassermelone, ca. 2 cm dick

Salat: Kraut fein hobeln, Salate waschen und trocken schleudern, Kichererbsen abseihen und abspülen oder Quinoa bzw. Bulgur in Salzwasser kochen, gut abtropfen und etwas übertrocknen lassen. Kräuter in feine Streifen schneiden und alle Zutaten vermengen.

Dressing: Buttermilch mit Sauerrahm verrühren und mit den Aromen abschmecken. Den Salat mit dem Dressing marinieren.

Wassermelone: Gut gekühlte Wassermelonenscheiben in einer Pfanne kurz beidseitig grillen. Sie soll außen warm und innen noch kalt sein.

Salat auf die Wassermelonenscheiben setzen und mit den übrigen Zutaten garnieren.

Zubereitungszeit: 15 Minuten

BÄRLAUCHSUPPE
MIT BLÜTENBROT ODER GEFÜLLTEN PLUNDERTASCHERLN

BÄRLAUCHÖL
50 g gezupfter Bärlauch

50 g gezupfte Petersilie

200 ml Rapsöl oder je 100 ml Rapsöl
und Olivenöl

Alternative: Bärlauch-Pesto, siehe Seite 18

SUPPE
2 mehlige Kartoffeln, geschält und
klein geschnitten

1 l Fünf-Elemente-Suppe Gemüse (oder 2 EL
GUTE SUPPE GEMÜSE auf 1 Liter Wasser)

100 ml Sahne

BAUERNGARTENSALZ

AYURVEDISCHES MASALA

BLÜTENBROT
100 g mehlige Kartoffeln

125 g Butter

150 g doppelgriffiges Mehl

1 Eigelb

100 g Parmesan, gerieben

2 g Steinsalz

Olivenöl

Eiklar

Blütenkräutersalz zum Bestreuen

PLUNDERTASCHERL
1 Pkg. Plunderteig

125 g getrocknete Tomaten, klein geschnitten

125 g Burrata (oder Büffelmozzarella), gehackt

Etwas Basilikum-Pesto (siehe Pesto-Grundrezept
Mediterran siehe Seite 18)

1–2 EL Oregano, frisch oder getrocknet

MEDITERRANES GEWÜRZ

KRÄUTERGEWÜRZ

Bärlauchöl: Bärlauch und Petersilie mit dem Öl in der Moulinette glatt mixen. Das nicht verwendete Öl in Einmachgläser füllen und im Kühlschrank aufbewahren. Schmeckt auch herrlich zu Kartoffel-Bärlauchsalat und Bärlauch-Risotto.

Suppe: Kartoffeln in Gemüsefond weich kochen, durch ein Sieb passieren. Die Sahne dazugeben und einmal aufkochen lassen. Mit Bauerngartensalz und Masala abschmecken. Einen Schuss Bärlauchöl mit dem Stabmixer einarbeiten und mit Blütenbrot oder Plundertascherln servieren. Tipp: Die Bärlauchsuppe bekommt einen feinen und leicht scharfen Geschmack, wenn man sie mit einer Prise Muskatnuss und/oder Kardamom abschmeckt.

Blütenbrot: Die Kartoffeln schälen, in leicht gesalzenem Wasser weich kochen und durch ein Kartoffelsieb pressen. Butter auf Zimmertemperatur erwärmen und mit den Kartoffeln, Mehl, Eigelb, Parmesan und Salz vermengen. Die Masse zu einem glatten Teig verarbeiten. Gekühlt 20 Minuten rasten lassen. Den Teig mit etwas doppelgriffigen Mehl in Form bringen und in etwa 5 x 5 cm große Stücke schneiden. Ein Backblech mit Olivenöl ausstreichen. Die Teigstücke darauflegen, mit etwas Eiweiß bestreichen, mit Blütenkräutersalz bestreuen und bei 160 °C ca. 15 Minuten goldbraun backen.

Plundertascherl: Ofen auf 200 °C vorheizen. Gekühlten Plunderteig in Quadrate oder Rechtecke schneiden. Alle Zutaten für die Fülle vermischen und mit Pesto und den Gewürzen abschmecken. Die Teigteile damit belegen, die Enden zusammenklappen, gut andrücken und im 200 °C heißen Backofen auf Backtrennpapier 15 Minuten goldbraun backen.

Zubereitungszeit: Suppe 20 Minuten, Blütenbrot 50 Minuten, Plunder 30 Minuten

KAROTTEN-KÜRBIS-NIDEI

AUF ORANGEN-INGWER-SAUCE

NIDEI SIND DIE GNOCCHI AUS DEM SALZBURGER PINZGAU. TRADITIONELL SIND NIDEI GEBRATENE KARTOFFELTEIGSTÜCKE, DIE BEI KINDERN BESONDERS BELIEBT SIND. MIT KÜRBIS SCHMECKEN NIDEI ZART, FEIN UND FRUCHTIG, UND SIE SIND AUCH GANZ SCHNELL IM TOPF, DENN SIE WERDEN EINFACH MIT ZWEI LÖFFELN AUSGESTOCHEN.

KAROTTEN-KÜRBIS-NIDEI

¾ kg Kürbisfleisch (z.B. Hokkaido oder Butternuss), fein gewürfelt
200 g Karotten, fein gewürfelt
2 Eigelb
1 Ei
Salz
60–80 g Mehl
40 g Grieß

ORANGEN-INGWER-SAUCE

1 EL Zucker
500 ml Orangensaft, frisch gepresst
1 EL frischer Ingwer, fein geschnitten
3 Stangen Zitronengras, ganz fein geschnitten
½ TL Korianderkörner
Etwas Chilischote, entkernt und fein geschnitten
Etwas Maizena zum Binden

AUSSERDEM

1 Kugel Mozzarella

Karotten-Kürbis-Nidei: Kürbis und Karotten in einer großen Pfanne auf kleiner Stufe mit sehr wenig Wasser so lange dünsten, bis alle Flüssigkeit verdampft ist und das Gemüse weich, aber so trocken wie möglich ist. Öfter umrühren, damit sich nichts anlegt.

Die abgekühlte Karotten-Kürbis-Masse in einem Mixer zu einer glatten Masse verarbeiten, danach das Eigelb und das Ei dazugeben und mit Salz abschmecken. Nach und nach Mehl und Grieß hinzufügen, sodass ein gut formbarer Teig entsteht.

Aus dem Teig mit zwei Esslöffeln (vorher in Wasser tauchen) Nocken ausstechen und in siedendem Salzwasser etwa 5–8 Minuten sanft köcheln lassen. Sobald die Nockerl oben schwimmen, noch einige Male wenden, dann mit einem Siebschöpfer herausheben.

Orangen-Ingwer-Sauce: Zucker karamellisieren und mit Orangensaft aufgießen. Ingwer, Zitronengras, Koriander und Chili hinzugeben und etwa 20 Minuten köcheln lassen; durch ein feines Sieb passieren und nach Bedarf mit etwas Maizena binden (1–2 TL in wenig kaltem Wasser glatt rühren, dann in die Sauce geben und noch einmal aufkochen).

Die Nidei auf die Orangen-Ingwer-Sauce setzen und mit geriebenem Mozzarella bestreuen.

Zubereitungszeit: 30–40 Minuten

EIERSCHWAMMERL
MIT GRIESSKNÖDERL

VON MITTE JUNI BIS IN DEN SPÄTHERBST SPRIESST BEI UNS DAS „GOLD DES WALDES". WER DIE PFIFFERLINGE NICHT SELBST SAMMELT, SOLLTE NUR PRALLE, LEUCHTEND GELBE PILZE KAUFEN. DENN WENN SIE ZÄH SIND UND DUNKLE RÄNDER ODER STELLEN HABEN, SIND SIE ALT UND SCHMECKEN NICHT MEHR GUT.

EIERSCHWAMMERL

½ EL Butter

3 Jungzwiebeln, klein geschnitten

Je 1 Zweig Rosmarin und Thymian

½ Knoblauchzehe

400 g Eierschwammerl (oder Kräuterseitlinge), geputzt

100 ml Fünf-Elemente-Suppe (Geflügel, Gemüse oder Rind)

100 ml Heumilch-Sahne

Salz und Pfeffer

2 EL Petersilie, frisch gehackt

GRIESSKNÖDERL

½ l Heumilch

120 g Butter

200 g Grieß

Steinsalz

Muskatnuss

4 Eier

150 g Weißbrotbrösel

Eierschwammerl: Butter in einer Pfanne schmelzen lassen, Jungzwiebel, Rosmarin, Thymian und Knoblauch dazugeben und kurz anschwitzen. Schwammerl hinzufügen, kurz mitrösten und mit Fond ablöschen.

Sahne dazugeben und einreduzieren lassen. Die Zweige herausnehmen, mit Salz und Pfeffer nochmals abschmecken und mit frischer Petersilie servieren.

Grießknöderl: Milch und Butter aufkochen, Grieß einrühren und ca. 5 Minuten leicht köcheln lassen, würzen und etwas abkühlen lassen. Eier mit dem Schneebesen verrühren, langsam in den Teig einarbeiten, Weißbrotbrösel unterrühren und nochmals abschmecken. 10 Minuten ruhen lassen, dann zu kleinen Knöderl formen und in leicht gesalzenem, siedendem Wasser etwa 10 Minuten lang garen.

Zubereitungszeit: 30 Minuten

TIPP

Meine Lieblingsgrießknöderl gelingen immer. Sie passen zu Suppen, Lamm, Wild, Pilzen und können auch noch mit Kräutern geschmacklich abgewandelt werden.

SAIBLING MIT ROTE-RÜBEN-PÜREE
UND KARFIOLRÖSCHEN

FÜR VIEL LIEBE IN DER WOCHENMITTE … EINE AUGENWEIDE UND EIN UNGLAUBLICH ZARTES AROMENSPIEL. SCHMECKT FREILICH AUCH AM SONNTAG, ABER UNERWARTET ZWISCHENDURCH SERVIERT, WIRD ER ZUR GELUNGENEN ÜBERRASCHUNG.

SAIBLINGSFILET
4 Stk. Saiblingsfilet à 120 g
(oder Forelle, Zander, Lachs)
Butter zum Einstreichen
Etwas Olivenöl
FISCHGEWÜRZ (ersatzweise Steinsalz
und Pfeffer)
Zitronensaft nach Belieben

CRÈME MOUSSELINE
50 g weiße Zwiebel, klein geschnitten
50 g Butter
Je ⅛ l trockener Weißwein und Noilly Prat
½ l Fünf-Elemente-Suppe Gemüse
¼ l Heumilch-Sahne
BAUERNGARTENSALZ und BERGPFEFFER

ROTE-RÜBEN-PÜREE
500 g mehlige Kartoffeln
100 g Butter
100 ml Rote-Rüben-Saft
1 EL guter Balsamico
1–2 EL Zucker
1 Mokkalöffel geriebener Kren oder Wasabi
BAUERNGARTENSALZ und BERGPFEFFER

AUSSERDEM
Einige Karfiolröschen
Etwas Butter

Saiblingsfilet: Flache Porzellanteller mit flüssiger Butter bestreichen. Saibling mit der Hautseite nach oben einlegen. Die Form mit Klarsichtfolie straff abdecken, in den 80 °C heißen Ofen stellen und ca. 12 Minuten garen. Der Saibling ist gar, wenn man die Haut leicht abziehen kann. Zum Schluss mit Olivenöl bestreichen und mit Fischgewürz und Zitronensaft würzen.

Crème mousseline: Zwiebel ohne Farbe in Butter ansautieren. Mit Weißwein und Noilly Prat ablöschen und auf die Hälfte einreduzieren lassen. Mit Fond aufgießen und nochmals auf die Hälfte einreduzieren. Die Sahne dazugeben und auf gewünschte Konsistenz einreduzieren, mit Salz und Pfeffer abschmecken. Vor dem Anrichten mit einem Stabmixer zu einer Mousseline aufschäumen.

Rote-Rüben-Püree: Mehlige Kartoffeln schälen und in Salzwasser ganz weich kochen. Die Kartoffeln auf einem Sieb abtropfen lassen und in noch heißem Zustand durch die Kartoffelpresse drücken, Butter und Rote-Rüben-Saft dazugeben und dann mit Balsamico, Zucker, Kren und Gewürzen gut abschmecken.

Zum Ausgarnieren einige Karfiolröschen in Salzwasser kochen und in Butter leicht ansautieren. Alles zusammen auf einem Teller anrichten.

Zubereitungszeit: 40 Minuten

FRÜHKRAUTWICKLER
MIT GEKÖRNTER SENFSAUCE UND BLAUEN KARTOFFELN

DAS ZARTE FRÜHKRAUT IST MILDER ALS DAS HERBSTLICHE KRAUT. DER GESCHMACK ERINNERT LEICHT AN KOHLRABI. WEGEN DER ZARTEN BLATTSTRUKTUR SOLLTE ES AUCH KÜRZER GAREN. ES EIGNET SICH AUCH GUT FÜR SALATE UND ALS ROHKOST.

FRÜHKRAUTWICKLER
500 g Faschiertes vom Rind
1 Ei
4 EL Wurzelgemüse (Karotte, Sellerie, Lauch), gereinigt und fein gewürfelt
¼ Chilischote, fein gehackt
½ Knoblauchzehe, fein gehackt
2 EL Bärlauch oder 2 EL Petersilie, fein gehackt
BAUERNGARTENSALZ und BERGPFEFFER nach Geschmack
1 Kopf Frühkraut
Rapsöl zum Anbraten

GEKÖRNTE SENFSAUCE
4 Frühlingszwiebeln, geschnitten
50 g Butter oder Olivenöl
500 ml Fünf-Elemente-Suppe (Gemüse, Geflügel oder Rind)
⅛ l Sahne
1–2 EL gekörnter Senf (z.B. Kremser Senf)
BAUERNGARTENSALZ, BERGPFEFFER und KRÄUTERSALZ

AUSSERDEM
300 g blaue Kartoffeln „Blaue Elise" (oder Heurige)
Salz
Ewas Kümmel
2–3 Petersilienstängel

Für die **Krautwickler** Faschiertes, Ei, Wurzelgemüse, Chili, Knoblauch und Bärlauch vermischen, mit Salz und Pfeffer abschmecken.

Den Strunk vom Kraut entfernen, die Blätter ablösen und kurz in Salzwasser blanchieren, in kaltem Wasser abkühlen und auf ein Tuch zum Abtropfen legen. Die schönen Blätter für die Rouladen beiseitelegen, Krautreste in sehr feine Streifen schneiden und später mit anrichten.

Faschiertes portionsweise in die Blätter legen und diese zusammenrollen. Die Rouladen in einer Bratpfanne in Rapsöl kurz rundum anbraten und im vorgeheizten Backrohr bei 180 °C ca. 30 Minuten garen.

Für die Sauce die Zwiebeln in Butter ohne Farbe ansautieren, mit Fond aufgießen, kurz köcheln lassen, dann die Sahne dazugeben und die Sauce etwas einreduzieren lassen. Mit dem Stabmixer pürieren, zuletzt mit Senf und den Aromen abschmecken.

Die **Kartoffeln** in Salzwasser mit etwas Kümmel und Petersilienstängel garen, schälen und geschnitten dazu servieren.

Zubereitungszeit: 60 Minuten

WACHAUER BUTTERSCHNITZERL
MIT KARFIOLPÜREE UND ENDIVIENSALAT

BESONDERS BEKÖMMLICH WIRD DAS SCHNITZEL, WENN MAN NUR KALBFLEISCH
VERWENDET. KALBFLEISCH IST FEIN- UND KURZFASRIG, ARM AN BINDEGEWEBE
UND DAHER LEICHT VERDAULICH.

BUTTERSCHNITZEL
2 frische Semmeln
150 ml Heumilch
½ Zwiebel, klein geschnitten
1 Knoblauchzehe, klein geschnitten
2 EL Maiskeimöl
300 g Bio-Kalbsschulter und
300 g Rindsschulter, faschiert
2 Eier
2 EL Petersilie, fein gehackt
1 EL Estragonsenf
½ TL Majoran
Salz und Pfeffer

KARFIOLPÜREE
1 weiße Zwiebel, fein würfelig geschnitten
40 g Butter
1 Karfiol (Blumenkohl), mit Strunk und klein
geschnitten (im Strunk steckt viel Geschmack)
400 ml Heumilch-Sahne
Salz
Muskatnuss

ENDIVIENSALAT
1 Kopf Endiviensalat, gewaschen und
in Streifen geschnitten
Buttermilch-Dressing (siehe Seite 65)

Butterschnitzel: Semmeln kleinwürfelig schneiden und in Milch einweichen. Zwiebel und Knoblauch im Öl glasig anschwitzen. Mit Faschiertem und den restlichen Zutaten vermengen und mit Salz und Pfeffer abschmecken.

Zu ovalen Laibchen formen und in einer Pfanne kurz goldbraun anbraten. Im vorgeheizten Ofen bei 160 °C etwa 20 Minuten lang fertig garen.

Karfiolpüree: Zwiebel in Butter glasig anschwitzen, den klein geschnittenen Karfiol zugeben, mit Sahne aufgießen. So lange köcheln lassen, bis die Sahne dick einreduziert ist. Pürieren und durch ein feines Sieb passieren. Mit Salz und frisch geriebener Muskatnuss abschmecken.

Endiviensalat mit Buttermilch-Dressing marinieren und dazu servieren.

Zubereitungszeit: 60 Minuten

MEINE TOPFENKNÖDEL-VARIATIONEN

TOPFENKNÖDEL

I EL Butter

I EL Zucker

2 Eier

200 g Heumilch-Topfen 20 %, gut ausgedrückt

6 EL Weißbrotbrösel

I Msp. Vanillemark

Zitronensaft und SÜSSE KÜCHE nach Geschmack

VARIANTE I
Haselnussbrösel

I EL zerlassene Butter

6 EL Semmelbrösel

5 EL Mandelbrösel oder Haselnussbrösel

2 EL Zucker

Holler-Waldbeeren-Mus

3–4 EL Zucker

½ l naturtrüber Apfelsaft

300 g gemischte Beeren (Himbeeren, Holunderbeeren, Brombeeren, Heidelbeeren)

I gehäufter EL Vanillepuddingpulver

SÜSSE KÜCHE nach Geschmack

Saft von I Zitrone

I Msp. Vanillemark

VARIANTE 2
Füllung

100 g dunkle Schokolade, 70 % Kakaoanteil

50 ml Sahne

100 g Haselnussnougat

3 EL Graumohn, gemahlen

Mohnbrösel

50 g Graumohn, fein gemahlen

50 g Zucker

Zimt-Vanille-Sabayon

Je 125 ml Heumilch-Sahne und Heumilch

I EL Vanillepuddingpulver

I EL Zucker oder Honig

I Msp. Vanillemark

SÜSSE KÜCHE nach Geschmack

Topfenknödel: Die cremige Butter mit dem Zucker schaumig schlagen, Eier dazurühren, Topfen nach und nach beigeben, Weißbrotbrösel unterheben, mit Vanille, Zitronensaft und SÜSSER KÜCHE abschmecken. Den Teig 20 Minuten ruhen lassen. **Variante I:** Knödel formen, in reichlich Wasser mit einer Prise Zucker und Salz ca. 8–12 Minuten zugedeckt köcheln lassen. Mit einem Lochschöpfer herausheben, in den Haselnussbröseln wälzen. Mit Holler-Waldbeeren-Mus anrichten. **Haselnussbrösel:** Die Butter schmelzen, die Brösel und den Zucker dazugeben, goldbraun rösten. **Holler-Waldbeeren-Mus:** Zucker trocken unter Rühren karamellisieren lassen, mit 400 ml Apfelsaft aufgießen, die Beeren dazugeben. Vanillepuddingpulver in dem restlichen kalten Apfelsaft auflösen, in die köchelnde Flüssigkeit einrühren, mit SÜSSER KÜCHE, Zitronensaft und Vanillemark aromatisieren und zum Schluss durch ein Sieb passieren.

Variante 2: Nougat, Sahne und Mohn mit der geschmolzenen Schokolade verrühren. Aus der Masse kleine Kugeln formen und anfrieren. Dadurch lässt sich der Topfenteig besser um die Mohnkugeln formen. In reichlich Wasser mit einer Prise Zucker und Salz ca. 8–12 Minuten zugedeckt köcheln lassen. Mit einem Lochschöpfer herausheben, in den Mohnbröseln wälzen, mit Vanillesabayon servieren. **Mohnbrösel:** Mohn und Staubzucker in einer Moulinette fein reiben. **Zimt-Vanille-Sabayon:** ⅔ der Sahne und der Milch aufkochen. Puddingpulver mit Zucker und der restlichen kalten Milch verrühren, dazugeben, auf die gewünschte Konsistenz binden. Mit SÜSSER KÜCHE abschmecken und mit der restlichen, etwas cremig geschlagenen Sahne verfeinern.

Zubereitungszeit: 50 Minuten inklusive 20 Minuten Ruhezeit

FAMILIENESSEN
AM SONNTAG

DIE LEBENSGEWOHNHEITEN IN DEN FAMILIEN SIND VIELSCHICHTIGER
UND KOMPLEXER GEWORDEN. BERUFSTÄTIGE ELTERN, SCHULALLTAG,
DICHTE FREIZEITPROGRAMME – FÜR EIN GEMEINSAMES FAMILIENESSEN BLEIBT
OFT WENIG ZEIT, VOR ALLEM, WENN DIE KINDER GRÖSSER WERDEN UND
DAMIT BEGINNEN, IHR EIGENES LEBEN ZU FÜHREN.

Ein Familienessen, frei von Stress und Zeitdruck, gelingt am Wochenende am ehesten. Nicht wie oft, sondern wie man miteinander isst, ist wichtig. Damit sich alle auf das gemeinsame Essen freuen und dafür Zeit nehmen, ist es wichtig, dass man es liebevoll vor- und zubereitet. Man könnte den Sonntag auch zum Wunschessen-Tag ernennen, an dem es wechselweise das Lieblingsessen eines Familienmitgliedes gibt. Uns bedeutet es sehr viel, dass wir mit unseren Kindern und Enkelkindern regelmäßig zusammenkommen. Bei einem gemeinsamen Essen passiert mehr, als auf den Tellern sichtbar ist. Man kann dabei gut zuhören, Fürsorge und Interesse zeigen, sich aneinander freuen, miteinander lachen und sich als Familie wohlfühlen.

WIENER SCHMANKERLTELLER

MIT PREISELBEEREN UND KARTOFFEL-VOGERL-SALAT

EIN SCHNITZEL MUSS IM FETT SCHWIMMEN, DAMIT ES GLEICHMÄSSIG GART.
STIMMT DIE TEMPERATUR, WIRD DIE PANADE AUCH NICHT FETT. WENN MAN
EINEN HOLZKOCHLÖFFEL INS HEISSE ÖL TAUCHT UND SICH BLASEN RUND UM
DEN KOCHLÖFFEL BILDEN, IST ES HEISS GENUG. SCHNITZEL SOFORT NACH
DEM PANIEREN AUSBACKEN, DA DIE PANADE SONST FEUCHTIGKEIT
AUS DEM FLEISCH ZIEHT UND BEIM BRATEN ABSPRINGT.

SCHNITZERL

4 kleine Kalbsschnitzerl, vom Kaiserteil,
dünn plattiert

2 kleine Hühnerbrüste

Salz und Pfeffer

PANADE

6 EL doppelgriffiges Mehl

3 Eier

2 EL Heumilch

200 g Brösel

AUSSERDEM

Butterschmalz zum Ausbacken

Zitronenscheiben und Preiselbeermarmelade

KARTOFFEL-VOGERL-SALAT

6–8 festkochende Kartoffeln

Salz

½ TL Kümmel

200 ml Fünf-Elemente-Suppe
(Gemüse oder Rind)

¼ Zwiebel, klein gehackt

2 Stängel Petersilie

1 TL Dijon-Senf

3 EL Weißweinessig

50 ml Sonnenblumenöl

Steinsalz und BERGPFEFFER

Vogerlsalat und Schnittlauch nach Belieben

Schnitzerl: Je eine Schüssel oder einen tiefen Teller mit Mehl, versprudelter Ei-Milch-Mischung und Brösel vorbereiten. Hühnerbrüste und Schnitzerl würzen, mehlieren, durch die Ei-Milch-Mischung ziehen und mit den Bröseln panieren. Ins heiße Butterschmalz legen, die Temperatur etwas zurückdrehen und schwimmend goldbraun herausbacken. Beim Herausbacken die Pfanne leicht rütteln oder mit einer Fleischgabel die Schnitzel in Bewegung halten – so werden sie wunderbar knusprig (Vorsicht vor dem heißen Fett!). Die Hühnerbrüste auf jeder Seite etwa 5 Minuten lang ausbacken, die Schnitzerl etwa 3 Minuten lang. Nur einmal wenden. Auf einem Küchenkrepp abtropfen lassen.

Dazu servieren wir Zitronenscheiben und Preiselbeermarmelade.

Kartoffel-Vogerl-Salat: Die gewaschenen Kartoffeln in Salzwasser mit Kümmel und Petersilie weich kochen, abschrecken, in warmem Zustand schälen und in dünne Scheiben schneiden. In der Zwischenzeit die Suppe mit Zwiebeln kurz aufkochen lassen, Petersilienstängel einlegen, vom Herd nehmen und etwas ziehen lassen, das erfrischt den Geschmack ganz besonders. Noch lippenwarm mit Senf, Essig, Öl und den Gewürzen abschmecken. Die noch warmen Kartoffelscheiben damit marinieren (er schmeckt besser, wenn er länger zieht), kurz vor dem Servieren mit Vogerlsalat und Schnittlauch ergänzen.

Zubereitungszeit: Salat 45 Minuten, Schnitzerl 35 Minuten

BACHFORELLE IM PERGAMENT

MIT FRISCHKÄSEDIP

DURCH DIESE GARMETHODE BLEIBEN AROMEN UND NÄHRSTOFFE
WEITESTGEHEND ERHALTEN. DIE SPEISEN GAREN VORPORTIONIERT IM EIGENEN SUD,
MAN BENÖTIGT KAUM FETT. DAS PÄCKCHEN WIRD GESCHLOSSEN SERVIERT,
BEIM AUSPACKEN BEGEISTERT DAS UMWERFENDE AROMA.

BACHFORELLE

4 Bögen weißes Back- oder Pergamentpapier,
je etwa 40 x 40 cm

Je 1 Karotte, Kohlrabi und 1 Stange
Staudensellerie, in feine Streifen geschnitten

1 EL kleine schwarze Oliven

8 Kirschtomaten, halbiert

2 festkochende Kartoffeln, auf Biss gekocht,
geschält und würfelig geschnitten

2 EL Olivenöl

FISCHGEWÜRZ

4 Bach- oder Seeforellenfilets à ca. 120 g
(oder Lachs-, Zander-, Saiblingsfilet)

1 Zitrone, in dünne Scheiben geschnitten

200 ml Fünf-Elemente-Suppe Gemüse

2 EL gehackte frische Kräuter: Vogelmiere,
Petersilie, Dill, Estragon

BAUERNGARTENSALZ

DIP

1 Pkg. Käuterfrischkäse (ca. 175 g)

100 ml Heumilch-Sauerrahm

1 Knoblauchzehe, fein gehackt

1 EL Gartenkresse, gehackt

KRÄUTERGEWÜRZ

BAUERNGARTENSALZ

Zitronensaft und Honig nach Geschmack

Für die **Fischpäckchen** das Pergamentpapier mit Olivenöl ausstreichen, das sehr fein geschnittene Gemüse und die Kartoffeln mit dem Olivenöl und dem Fischgewürz vermengen. Gemüse und Fisch schichtweise aufs Pergamentpapier geben (3 Lagen: Gemüse – Fisch – Gemüse), dabei dünne Zitronenscheiben auf den Fisch legen, mit je 50 ml Fünf-Elemente Suppe Gemüse übergießen und die Päckchen gut verschließen. Im 160 °C heißen Ofen etwa 15 Minuten lang garen. Das Fischpäckchen vor dem Servieren nur leicht öffnen und mit den frisch gehackten Kräutern und Bauerngartensalz nach Geschmack bestreuen.

Für den **Dip** alle Zutaten gut vermengen und abschmecken. Dip zu den Fischpäckchen servieren.

Zubereitungszeit: 40 Minuten

PIKANTER RINDSBRATEN
MIT TOPFEN-SERVIETTENKNÖDEL
UND KÜRBIS-SPITZKOHL-GEMÜSE

RINDSBRATEN

1 kg Rinderschulter oder Kalbsschulter, zugeputzt
2 EL FLEISCHGEWÜRZ
Je 3 EL Butter und Olivenöl zum Anbraten
250 g Wurzelgemüse (Karotten, Sellerie, Petersilienwurzel, Lauch)
1 EL Tomatenmark
Je 1 Zweig Rosmarin und Thymian
Je 1/8 l trockener Rotwein und Portwein
1 ½ l Fünf-Elemente-Suppe Rind oder Gemüse
1–2 EL Preiselbeermarmelade nach Belieben

TOPFEN-SERVIETTENKNÖDEL

250 g Toastbrot ohne Rinde
80 g Topfen, ausgedrückt
70 ml Heumilch
90 g weiche Butter
3 Eigelb
3 Eiweiß

KÜRBIS-SPITZKOHL-GEMÜSE

1 Butternusskürbis, geschält und fein geschnitten
1 Spitzkohl, ohne Strunk und fein geschnitten
Etwas Fünf-Elemente-Suppe Geflügel
1 EL Butter
BAUERNGARTENSALZ

Rindsbraten: Die Rinderschulter mit dem Gewürz einreiben. Butter und Öl im Schmortopf erhitzen, Fleisch kurz rundum goldbraun anbraten, damit sich die Poren schließen. Fleisch aus dem Topf heben. Im Topf das klein geschnittene Gemüse auf mittlerer Hitze anrösten. Tomatenmark einrühren, Rosmarin und Thymian beigeben, Wein, Portwein und Fond dazugeben. Den Braten auf dieses Gemüsebett setzen, mit einem Deckel abdecken, im vorgeheizten Backofen bei 140 °C auf mittlerer Schiene weich garen (ca. 1 ½–2 Stunden).

Fleisch aus dem Ofen nehmen, mit Klarsichtfolie einwickeln und zurück in den Backofen auf das Backgitter legen (zuvor Temperatur ausschalten) und das Fleisch in der Restwärme ca. 20 Minuten entspannen lassen. Inzwischen die Sauce durch ein Sieb passieren. Nur bei Bedarf mit Maisstärke binden. Dazu 1–2 TL Maisstärke mit wenig kaltem Wasser glatt rühren, in die Sauce rühren und noch einmal kurz aufkochen und abschmecken. Nach Belieben etwas Preiselbeermarmelade einrühren. Fleisch wieder auspacken, in Scheiben schneiden, in die Sauce legen und im Schmortopf servieren.

Topfen-Serviettenknödel: Toastbrot in 1 cm große Würfel schneiden. Topfen mit Milch vermengen und die Brotwürfel unterziehen. Die Masse 15 Minuten ruhen lassen. Die zimmerwarme, weiche Butter schaumig schlagen und nach und nach das Eigelb einrühren. Mit der Topfenmasse vermischen. Eiweiß zu Schnee schlagen und unterheben.

Klarsichtfolie auflegen, Masse in einen Spritzsack ohne Tülle füllen, eine Rolle aufspritzen, mit der Klarsichtfolie einrollen, dann als Schutz nochmals in Alufolie wickeln. Serviettenknödel in einem Topf mit reichlich heißem Wasser ca. 30 Minuten leicht ziehen lassen. Auswickeln und in 5–7 cm lange Stücke schneiden (aufgestellt anrichten).

Kürbis-Spitzkohl-Gemüse: Das Gemüse in etwas Suppe auf Biss garen, mit Butter und Salz abschmecken.

Zubereitungszeit: Braten 2 Stunden, Knödel 50 Minuten, Gemüse 15 Minuten

GESCHMORTES VOM REH
MIT SEMMEL-PILZ-KNÖDEL

DAS REH IST EIN FEINSPITZ, ES ERNÄHRT SICH VON DEN FEINSTEN GRÄSERN, WILDKRÄUTERN, KNOSPEN UND FRÜCHTEN. DAHER RÜHRT AUCH DER AROMATISCHE GESCHMACK DES FEINEN, BESONDERS ZARTEN FLEISCHES. REHFLEISCH UND AUCH ANDERES WILDFLEISCH (HIRSCH, GAMS) IST GESUND UND LEICHT VERDAULICH.

REHRAGOUT
200 g Wurzelgemüse (Karotten, Sellerie, Lauch, Zwiebel)
Pflanzenöl zum Anbraten
½ EL Tomatenmark
125 ml trockener Rotwein
125 ml roter Portwein
1 ½ l Fünf-Elemente-Suppe Gemüse oder Rind (oder 3 EL GUTE SUPPE GEMÜSE in 1 ½ l Wasser aufgelöst)
750 g Rehschlögerl
3 EL WILDGEWÜRZ
1 Handvoll Maroni, gegart
BAUERNGARTENSALZ
4 EL Preiselbeerkompott
1 Handvoll Pilze

1 EL Butter
Schnittlauch
Etwas Sauerrahm

SEMMEL-PILZ-KNÖDEL
180 g Baguette, altbacken
Je 75 ml Heumilch und Heumilch-Sahne
Je 25 g Speck, Zwiebel und Pilze (Shii-Take, Herbsttrompeten, Pfifferlinge), gewürfelt
1 EL Butter
2 Eier
2 EL Petersilie, fein gehackt
KRÄUTERGEWÜRZ, BAUERNGARTENSALZ und BERGPFEFFER
Butter zum Anbraten der Knödel

Rehragout: Wurzelgemüse klein schneiden und in Öl kurz anbraten. Dann Tomatenmark hinzufügen, mit Rotwein und Portwein ablöschen und mit Suppe aufgießen. Weich schmoren. Sauce passieren und gut abschmecken. Fleisch in ca. 3 cm große Würfel schneiden, mit Wildgewürz würzen und in heißem Öl anbraten. In die heiße Sauce geben und im Schmortopf bei 140 °C weich garen (60 bis 90 Minuten). Im fertigen Ragout die Maroni erwärmen. Dann mit Bauerngartensalz abschmecken. Die Sauce eventuell binden. Dazu 1–2 TL Maisstärke mit wenig kaltem Wasser glatt rühren, in die Sauce rühren und noch einmal kurz aufkochen. Zum Schluss die Preiselbeeren einrühren.

Pilze in die gewünschte Form schneiden, kurz in Butter ansautieren und auf dem Ragout mit Schnittlauch und etwas Sauerrahm anrichten.

Semmel-Pilz-Knödel: Baguette in Würfel schneiden und mit Milch und Sahne ca. 15 Minuten einweichen. Speck, Zwiebel und Pilze in Butter ansautieren. Eier und Petersilie dazugeben. Masse mit den Gewürzen abschmecken.

Eine Kastenform mit Klarsichtfolie auslegen, mit Knödelfülle füllen, mit Alufolie abschließen und im 150 °C heißen Ofen im Wasserbad ca. 60 Minuten garen. Den Knödel auskühlen lassen, in Scheiben schneiden und in Butter kurz anbraten. **Tipp:** Mit einer Stricknadel in den Knödel stechen; wenn nichts kleben bleibt, ist die Masse fertig.

Zubereitungszeit: Ragout ca. 90 Minuten, Knödel 90 Minuten

ZITRONEN-KRÄUTER-HENDERL

MIT SPARGEL-RÖMER-SALAT UND ORANGEN-DRESSING

HENDERL

8 Hühnerschenkel, gewaschen und trocken getupft

6 EL Olivenöl

1 Bio-Zitrone, gewaschen und in Scheiben geschnitten

Je 2 Stängel Rosmarin, Thymian und Salbei, gewaschen und trocken getupft

Chili-Zitronen-Salz (siehe Seite 19)

Pfeffer

1 TL Paprikapulver

2 getrocknete Chilischoten

SALAT

4 weiße und 4 grüne Spargelstangen, gekocht und in Rauten geschnitten

2 Köpfe Römersalat (= Kochsalat)

DRESSING

Saft von einer Orange

1 EL Orangenmarmelade

1 TL Dijon-Senf

Zitrone, Salz, Pfeffer

2 EL gehobelte Mandeln, kurz angeröstet

Je 2 EL Oliven- und Walnussöl

1 kleine Handvoll Kerbel, frisch geschnitten

Henderl: Öl, Zitronenscheiben, Kräuter und Gewürze mit den Hühnerschenkeln vermengen und 1–2 Stunden lang im Kühlschrank marinieren lassen. Am einfachsten ist dies in einem größeren Gefrierbeutel.

Danach alles in eine Auflaufform geben; dabei darauf achten, dass die Hühnerschenkel zuerst mit der Hautseite nach unten liegen. Im 160 °C heißen Backofen 30 Minuten schmoren lassen, dann die Hühnerschenkel umdrehen und bei 180 °C etwa 10–15 Minuten knusprig fertig garen.

Salat: Für die Marinade alle Zutaten verrühren, nur Öl und Mandelsplitter erst zum Schluss einrühren. Salat und gekochten Spargel mit dem Dressing beträufeln, mit Mandeln und Kerbel ausgarnieren.

Zubereitungszeit: Marinieren 2 Stunden, Garzeit 45 Minuten

TIPP

Als Beilage passt das Zitrone-Kapern-Salbei-Risotto
(siehe Seite 175).

FILZMOOSER FLEISCHKRAPFERL
MIT SAUERKRAUT

SO SCHMECKT'S BEI UNS DAHEIM, DAS MÖGEN WIR ALLE! DIE KRAPFERL KANN MAN AUCH FLEISCHLOS MIT EINER PILZMISCHUNG FÜLLEN.

TEIG
250 g Roggenmehl
100 g glattes Weizenmehl oder Dinkelmehl
1 TL BAUERNGARTENSALZ
1 EL Maiskeimöl
200 ml Wasser

FÜLLE
½ Zwiebel, fein gehackt
2 EL Rapsöl
200 g gekochtes Geselchtes vom Schwein oder Rind, klein gehackt
½ Knoblauchzehe, fein gehackt
4 EL Petersilie, fein gehackt

1 TL Thymian und Rosmarin, fein gehackt
BAUERNGARTENSALZ und BERGPFEFFER
Öl zum Ausbacken

SAUERKRAUT
¼ kg frisches Sauerkraut
½ Zwiebel, fein gehackt
2 EL Rapsöl
1 Knoblauchzehe, fein gehackt
2 Lorbeerblätter
2 Wacholderbeeren
Steinsalz, KRÄUTERGEWÜRZ und BERGPFEFFER
¼ l Fünf-Elemente-Suppe Gemüse
Schnittlauch zum Garnieren

Teig: Mehl, Salz und Öl in einer Schüssel verrühren. Langsam mit dem Knethaken der Küchenmaschine so viel heißes Wasser einarbeiten, dass ein homogener Teig entsteht. In eine Klarsichtfolie wickeln und im Kühlschrank 30 Minuten rasten lassen.

Fülle: Zwiebel in heißem Öl glasig anschwitzen, das Fleisch dazugeben, mit Kräutern und Gewürzen abschmecken.

Den fertigen Teig dünn ausrollen und mit einem Ravioli-Former Krapferl ausstechen, füllen, zusammenklappen und den Rand gut andrücken.

Die Krapferl in heißem Öl schwimmend beidseitig je 3 Minuten goldbraun backen.

Sauerkraut: Das Kraut in kaltem Wasser gut abschwemmen. Zwiebel in heißem Öl anschwitzen, das Kraut und die Gewürze dazugeben. Mit ¼ l Gemüsefond aufgießen und etwa 15 Minuten leicht köcheln lassen. Mit Schnittlauch servieren.

Zubereitungszeit: 45 Minuten, Teigruhe 30 Minuten

GEBACKENE APFELRADELN

MIT ZIMTZUCKER UND VANILLEEIS

EIN KÖSTLICHES, DUFTIGES, EINFACHES REZEPT, DAS SCHNELL ZUBEREITET IST
UND AUCH SCHON MAL DEN KUCHEN AM NACHMITTAG ERSETZEN KANN.

BACKTEIG

2 Eier
280 g doppelgriffiges Mehl
200 ml Heumilch
200 ml naturtrüber Apfelsaft
Saft von ½ Zitrone
1 TL SÜSSE KÜCHE (oder Zimt)
1 Prise Steinsalz
1 EL Vanillezucker

AUSSERDEM

4 große Äpfel
Etwas Zitronensaft
Pflanzenöl (oder Butterschmalz)
zum Herausbacken
Staubzucker zum Bestreuen
Vanilleeis

Backteig: Die Eier trennen und die Dotter mit etwa ⅔ vom Mehl sowie Milch, Apfel- und Zitronensaft, SÜSSE KÜCHE und Steinsalz verrühren. Die Eiklar mit dem Vanillezucker zur „Vogelnase" (siehe Seite 54) schlagen und unter die Masse heben. Zum Schluss das restliche Mehl unterrühren.

Die **Äpfel** schälen, mit einem Kernausstecher entkernen und in ca. 1 cm dicke Scheiben schneiden. Mit Zitronensaft beträufeln. Die Scheiben mit einer Gabel durch den Teig ziehen und im heißen Butterschmalz goldbraun herausbacken. Nicht zu lange, damit der Apfel bissfest bleibt (2–3 Minuten auf jeder Seite). Auf ein Küchentuch legen, dann mit Staubzucker bestreuen und mit einer Kugel Vanilleeis servieren.

Zubereitungszeit: 30 Minuten

TIPP

Als Beilage passt auch Vanillesauce oder Apfelmus. Für Erwachsene kann
man den Apfelsaft durch Weißwein und einen Schuss Rum ersetzen.

DUKATENBUCHTELN
MIT WACHAUER MARILLEN UND VANILLESAUCE

DA GERM ODER HEFE SEINE TRIEBKRAFT ERST BEI WÄRME ENTFALTET, DÜRFEN DIE ZUTATEN NICHT KALT SEIN. MILCH UND BUTTER WERDEN ANGEWÄRMT, ABER NIE MEHR ALS AUF 40 °C, DA DIE HEFEZELLEN SONST ABSTERBEN. AUCH DIE EIER RECHTZEITIG AUS DEM KÜHLSCHRANK NEHMEN. ICH VERWENDE IMMER FRISCHE HEFE.

BUCHTELN
350 ml Heumilch, lauwarm
30 g frische Hefe
90 g Zucker
1 Päckchen Vanillezucker
50 g Butter, zerlassen
3 Eidotter
1 Prise Steinsalz
500 g glattes Mehl
Etwas zerlassene Butter

MARILLENKOMPOTT
500 g Wachauer Marillen
100 g Zucker

250 ml Wasser (oder Weißwein für Erwachsene)
½ TL SÜSSE KÜCHE
(ersatzweise 3 Gewürznelken, 2 cm Zimtrinde)
Saft von ½ Zitrone
1 EL Honig
Amaretto oder Marillenlikör nach Belieben

VANILLESAUCE
½ Päckchen Vanillepuddingpulver
250 ml Heumilch
125 ml Heumilch-Sahne
1–2 EL Zucker
1 Msp. Vanillemark

Dukatenbuchteln: Warme Milch in die Küchenmaschine mit dem Knethaken geben, langsam einschalten. Die Hefe hineinbröseln, Zucker und Vanillezucker dazugeben, dann die Butter und die Eier unterrühren. Eine Prise Salz und so viel gesiebtes Mehl dazugeben, bis sich der Teig unter Kneten vom Schüsselrand löst. Den Teig mindestens 1 Stunde kalt stellen (Kühlschrank).

Aus dem Teig eine Rolle formen, Stückchen von ca. 30 g abschneiden, zu kleinen, schönen Kugeln formen. Die Buchteln in flüssige Butter tauchen, dicht nebeneinander in eine Auflaufform setzen und im vorgeheizten Ofen bei 180 °C backen, bis sie zu bräunen beginnen, dann auf 140 °C zurückschalten und fertig backen, insgesamt ca. 20 Minuten Backzeit.

Marillenkompott: Marillen halbieren und entkernen. Zucker karamellisieren lassen, mit Wasser oder Wein ablöschen, SÜSSE KÜCHE und Zitronensaft dazugeben und aufkochen. Marillen einlegen und kurz auf Biss garen. Kompott vom Herd nehmen und zugedeckt auskühlen lassen. Mit Honig und nach Belieben mit Marillenlikör oder Amaretto abschmecken. Für meine Enkelkinder mixe ich das Marillenkompott mit dem Stabmixer zu Mus.

Vanillesauce: Puddingpulver mit ca. 3 EL kalter Milch glatt rühren. Restliche Milch, Sahne, Zucker und Vanillemark aufkochen, Puddingpulver einrühren. 3 Minuten unter Rühren köcheln lassen. Vor dem Servieren mit dem Stabmixer schaumig aufschlagen.

Zubereitungszeit: 1 ½ Stunden

KOCHEN
FÜR KINDER

IH, DAS MAG ICH NICHT! WIE OFT HAB ICH DAS VON MEINEN VIER KINDERN
UND SECHS ENKELKINDERN SCHON GEHÖRT. KINDER HUNGERN LIEBER,
BEVOR SIE ETWAS ESSEN, DAS IHNEN NICHT SCHMECKT.

Für gewöhnlich mögen Kinder lieber rohes Gemüse, eher süße Sorten wie Karotten, rote und gelbe Paprika, Mais und Brokkoli, eher Püriertes und eher einzeln statt gemischt zubereitete Gemüsesorten. Der Geschmackssinn von Kindern muss erst geschult und gefördert werden. Sich im wahrsten Sinn des Wortes durch die Welt zu kosten, braucht Geduld und Feingefühl. Menschen müssen etwa sieben Mal ein neues Nahrungsmittel probieren, dann erst wissen sie wirklich, ob es ihnen schmeckt. Wenn man diese Geduld nicht aufbringt und die Speisenauswahl dadurch klein hält, finden die Kinder zu bestimmten Speisen kaum einen Zugang mehr und essen dadurch nicht gesund und ausgewogen. Daher den Tisch immer wieder unterschiedlich decken und neue Lebensmittel wiederholt anbieten, damit sich Geschmackseindrücke festigen können. Nie Druck aufbauen, denn ein Muss ist das Gegenteil von Genuss. Die Bereitschaft zum Probieren wird durch gemeinsames Einkaufen und Kochen, durch das gemeinsame Mahl und auch durch spannende Geschichten über Lebensmittel geweckt. Mit dem Argument „Gesundheit" punktet man bei Kindern nicht. Essenserlebnisse sind wichtiger. Essen soll Spaß machen, das Miteinander im Vordergrund stehen. Wichtig ist, dass das Kind satt vom Tisch aufsteht, denn dann nascht es zwischendurch auch weniger. Darum kochen, was Kinder mögen, dabei aber die Speisenauswahl mit neuen Zutaten immer sanft erweitern.

PASTAVARIATIONEN

VON SCAMPI, SHRIMPS ODER HUHN
MIT OFEN-KIRSCHTOMATEN UND OLIVEN

PASTA
400 g Capellini oder Spaghettini
(oder selbst machen, Pastateig Seite 55)

GESCHMORTE OFENTOMATEN
½ kg Kirschtomaten, gewaschen und halbiert
2 EL Olivenöl zum Bestreichen
1–2 TL MEDITERRANES GEWÜRZ
1 TL Zucker

SCAMPI-VARIANTE
12 Scampi mit Schale
Chili-Olivenöl zum Anbraten
1 Knoblauchzehe, zerdrückt
1 Zweig Rosmarin
250 ml Tomaten aus dem Glas, gemixt
50 ml Fünf-Elemente-Suppe (Fisch oder Geflügel)
4 EL kleine schwarze Oliven
Etwas Zitronensaft
MEDITERRANES und SPICY PASTA GEWÜRZ
2 EL dunkler Balsamico
Geschmorte Ofentomaten
8–10 Basilikumblätter zum Garnieren

SHRIMPS-VARIANTE
250 g Shrimps, gereinigt
Olivenöl zum Anbraten
1 Knoblauchzehe
Geschmorte Ofentomaten
MEDITERRANES und SPICY PASTA GEWÜRZ
Etwas Zitronensaft
10 Basilikumblätter

VARIANTE MIT HUHN
4 Hühnerfilets, in Streifen geschnitten
Olivenöl zum Anbraten
1 Zweig Rosmarin
1 Knoblauchzehe, gehackt
250 ml Fünf-Elemente-Suppe Gemüse
250 g Tomatensauce
4 EL schwarze Oliven
Etwas Zitronensaft
Geschmorte Ofentomaten
MEDITERRANES und SPICY PASTA GEWÜRZ
8–10 Basilikumblätter zum Garnieren

Schmortomaten: Tomaten mit dem Öl und den Gewürzen vermengen, auf einem Backblech mit Backpapier im vorgeheizten Ofen bei 180 °C etwa 10–15 Minuten weich schmoren. **Scampi-Variante:** Garnelen von der Schale befreien, die Schalen und Garnelen waschen und abtropfen lassen. Olivenöl erhitzen, die Scampi auf jeder Seite 2–3 Minuten braten und warm stellen. In dieser Pfanne die Scampi-Schalen scharf anbraten (ca. 5 Minuten!) und wieder entfernen. Knoblauch und Rosmarin dazugeben, danach die gemixten Tomaten, den Fond und die Oliven hinzufügen. Mit Zitronensaft, den Gewürzen und Balsamico abschmecken. Die Sauce etwas einreduzieren lassen. Scampi wieder einlegen. Die Capellini in Salzwasser al dente kochen und abgießen. Mit den Scampi, der Sauce, den geschmorten Tomaten und frischem Basilikum servieren. **Shrimps-Variante:** Shrimps in heißem Olivenöl kurz scharf anbraten, Knoblauch und die geschmorten Tomaten dazugeben, dann die Gewürze und Zitronensaft hinzufügen und 2 Minuten schmurgeln lassen. Mit gekochten Nudeln vermischen und das fein geschnittene Basilikum unterheben. **Variante mit Huhn:** Hühnerstreifen in heißem Öl rundum 3 Minuten anbraten, herausnehmen, warm stellen. In der Pfanne Rosmarin und Knoblauch anschwitzen, Gemüsefond und Tomatensauce dazugeben, die schwarzen Oliven und Schmortomaten unterrühren. Mit Zitronensaft und den Gewürzen pikant abschmecken, Hühnerstreifen wieder einlegen. Mit den Teigwaren anrichten, mit Basilikum garnieren.

Zubereitungszeit: 30 Minuten

FARFALLE

MIT TOMATENSAUCE UND PARMESAN

MIT EINER GUTEN TOMATENSAUCE MACHT MAN BEI KINDERN SELTEN ETWAS VERKEHRT. WICHTIG IST, DASS MAN SIE GUT UND LANGE EINKOCHT, DAMIT SIE SCHÖN CREMIG UND GEHALTVOLL WIRD. DAS WERTVOLLE, ZELLSCHÜTZENDE LYCOPIN (EIN RADIKALFÄNGER) INTENSIVIERT SICH ZUDEM.

FÜR 1 LITER SAUCE

8 reife Tomaten
1 Dose Tomaten (ca. 800 g)
3 EL Olivenöl
Je 1 Zwiebel und Knoblauchzehe, geschält und klein geschnitten
1–2 EL brauner Zucker
Steinsalz und Pfeffer
1 mittelgroße Karotte, geschält und geraspelt
2 Stängel Basilikum

PASTA

400–500 g Farfalle
1 EL Olivenöl

ZUM GARNIEREN

Frische Basilikumblätter (oder Rucola)
Mozzarella (oder Parmesan)

Tomatensauce: Die frischen Tomaten klein schneiden. Die Dosentomaten abseihen und den Saft beiseite stellen. Ebenfalls klein schneiden.

Olivenöl erhitzen. Zwiebel und Knoblauch darin ansautieren, Zucker zugeben und leicht karamellisieren lassen. Mit Salz und Pfeffer abschmecken. Die Tomaten samt Saft, Karotte und klein geschnittenem Basilikum dazugeben. Die Sauce etwa 45 Minuten lang leicht köcheln lassen, ab und zu umrühren. Je länger die Sauce brodelt, desto dickflüssiger gerät ihre Konsistenz und desto intensiver wird der Geschmack.

Das Tomatensugo durch ein feines Sieb passieren und abschmecken.

Farfalle in leicht gesalzenem, kochendem Wasser laut Packungshinweis garen, Wasser abgießen, mit 1 EL Olivenöl beträufeln und mit der Tomatensauce sowie frischen Basilikumblättern und Mozzarellascheiben oder mit Parmesan und Rucola servieren.

Zubereitungszeit: ca. 45 Minuten mit Sauce

--- TIPP ---

Tomatensugo lässt sich gut einfrieren bzw. hält es sich in Schraubgläsern etwa 1 Woche lang im Kühlschrank. Pikanter für Erwachsene schmeckt die Sauce, wenn man 2 Piri-Piri-Chilis klein geschnitten mitkocht.

TRUTHAHNSTEAK

MIT KRÄUTERBUTTER, JUNGEN KAROTTEN, BROKKOLI UND REIBERDATSCHI

EIN BRATENTHERMOMETER IST SCHON ZUM KLEINEN PREIS ZU HABEN
UND EINE LOHNENSWERTE ANSCHAFFUNG, AUCH WENN ES NUR SELTEN
HERVORGEHOLT WIRD. ES HILFT, ALLE FLEISCHARTEN PERFEKT ZU GAREN,
NICHT NUR DEN BRATEN, AUCH STEAKS GELINGEN AUF DEN PUNKT.

TRUTHAHN
400 g Truthahnfilet im Ganzen
3 EL Olivenöl
ELEGANTES FLEISCHGEWÜRZ
¼ Knoblauchzehe
Je 1 Zweig Rosmarin und Thymian

KRÄUTERBUTTER
150 g Butter, zimmerwarm
2 EL KRÄUTERGEWÜRZ
1 EL frische Petersilie, gehackt

REIBERDATSCHI (KARTOFFELPUFFER)
3 mehlige Kartoffeln (große Ofenkartoffeln)
BAUERNGARTENSALZ
BUNTER BERGPFEFFER
Frischer Rosmarin, fein gehackt
1 TL Maisstärke zum Binden
Maiskeimöl zum Backen

GEMÜSE
1 Brokkoli
12 Babykarotten
Je 100 ml Fünf-Elemente-Suppe Gemüse
und Wasser
Etwas Butter
BAUERNGARTENSALZ
KRÄUTERGEWÜRZ

Truthahnfilet mit dem Olivenöl und Fleischgewürz marinieren und rundum in einer Stielkasserolle goldbraun anbraten. Knoblauch und Kräuter hinzufügen. Mit einem Bratenthermometer versehen und im 120 °C heißen Ofen auf Bratgitter auf eine Kerntemperatur von 55–58 Grad garen (ca. 40 Minuten). Das Filet in dicke Scheiben schneiden und mit einem Klecks Kräuterbutter belegen.

Kräuterbutter: Butter schaumig rühren, Kräutergewürz und Petersilie einrühren, abschmecken.

Reiberdatschi: Kartoffeln schälen und grob raspeln, mit Salz, Pfeffer und Rosmarin würzen. Gut ausdrücken, mit Maisstärke binden und in die gewünschte Form bringen (jeweils ca. 2 EL von der Masse). In heißem Öl beidseitig goldbraun und knusprig braten, etwa 4 Minuten pro Seite.

Gemüse: Brokkoli und Babykarotten in der Gemüsebrühe und dem Wasser bissfest garen. Zum Schluss mit einer Flocke Butter in einer Pfanne schwenken und würzen.

Zubereitungszeit: 45 Minuten

FISCHLAIBCHEN
MIT SÜSS-SAURER SAUCE UND POTATO WEDGES

ES MÜSSEN NICHT IMMER FISCHSTÄBCHEN UND POMMES FRITES SEIN.
SELBST GEMACHTE FISCHLAIBCHEN UND POTATO WEDGES KOMMEN
ALS ALTERNATIVE IMMER GUT AN. ZUDEM KANN MAN IN DEN FISCHLAIBCHEN
AUCH GUTES GEMÜSE VERSTECKEN.

FISCHLAIBCHEN
300 g beliebige Fischfilets, klein würfelig geschnitten
100 ml Sahne
1 EL Petersilie, klein gehackt
1 EL Zitronensaft
FISCHGEWÜRZ
KRÄUTERSALZ
Je ½ Karotte und ½ gelbe Rübe, fein gewürfelt
2–3 EL Olivenöl zum Braten

SÜSS-SAURE SAUCE
1 EL Mayonnaise
2 EL Heumilch-Joghurt
1 TL Ketchup
Asiatische süß-saure Sauce nach Geschmack
HABIBI-GEWÜRZ (ersatzweise Curry-Pulver)
Zitrone und Honig zum Abschmecken

POTATO WEDGES
8 mittlere Bio-Kartoffeln (Heurige mit Schale)
3 EL Olivenöl
GRILLGEWÜRZ
Je 1 Zweig Rosmarin und Thymian

Fischlaibchen: Die Hälfte vom Fisch (150 g) mit der Sahne kurz anfrieren lassen. In der Moulinette cremig mixen. Alle übrigen Zutaten dazugeben und Laibchen formen. In einer Pfanne goldbraun braten.

Süß-saure Sauce: Alle Zutaten vermengen und als Dip dazu reichen.

Potato Wedges: Kartoffeln gut waschen, abtrocknen und je nach Größe vierteln oder sechsteln, in einer Schüssel mit Olivenöl vermengen und mit Grillgewürz bestreuen. In eine Kasserolle legen, mit Rosmarin und Thymian belegen und im 180 °C heißen Ofen goldbraun backen (ca. 25 Minuten, einmal wenden).

Zubereitungszeit: 45 Minuten

RICOTTAKUCHEN

MIT FRISCHEN HIMBEEREN

DER BLITZSCHNELLE, KNUSPRIGE BODEN AUS KEKSEN GELINGT SELBST UNGEÜBTEN
KUCHENBÄCKERN. ITALIENISCHER RICOTTA WIRD NICHT – WIE DER BEI UNS BEKANNTE
FRISCHKÄSE – AUS MILCH, SONDERN AUS MAGERER MOLKE HERGESTELLT.
ER GEHÖRT ZU DEN FETT- UND KALORIENARMEN KÄSEARTEN.

KUCHENBODEN
150 g weiche Butter
250 g gute, reine Butterkekse

FÜLLUNG
250 g Ricotta

5 EL Zucker
2 Eier

BELAG
250 g frische Himbeeren (oder andere Beeren)

Für den **Kuchenboden** die Butter sanft schmelzen. Die Kekse kurz kuttern (oder in einem Plastiksack mit dem Nudelholz zerbröseln). Mit lauwarmer Butter gut vermischen. Eine Tortenform mit Backtrennpapier auslegen, die Masse einfüllen, gut andrücken. Den Rand etwas erhöhen, um die Ricotta-Mischung einfüllen zu können. Kurz kalt stellen. Den Backofen vorheizen.

Füllung: Währenddessen Ricotta, Zucker und Eier vermengen und auf die Butter-Keks-Masse geben. Im 160 °C heißen Ofen ca. 30 Minuten lang backen und danach im ausgeschalteten Ofen noch 10 Minuten ziehen lassen.

Belag: Zuletzt den Kuchen mit den frischen Himbeeren belegen.

Zubereitungszeit: 45 Minuten

WENN ES
ROMANTISCH WIRD

NACH EINEM GUTEN ESSEN SOLL MAN SICH NOCH LIEBEN KÖNNEN,
DAS WAR SCHON IMMER EINER MEINER KOCH-LEITSÄTZE. DAS ZIEL
EINES VERFÜHRERISCHEN ABENDS IST JA DAS HAPPY END.

Oder wie die Franzosen sagen: „Man liebt, wie man isst". Dabei geht es nicht nur um das wie, sondern auch um das was. Auf geruchsintensive Zutaten sollte man verzichten und auch auf solche, die schwer im Magen liegen. Nicht zu große Portionen servieren und fürs leidenschaftliche Finale in jedem Fall ein Dessert einplanen. Speisen können ein Band zwischen zwei Menschen knüpfen, und regelmäßiges gemeinsames Essen stärkt die Paarbeziehung, davon bin ich überzeugt. Natürlich braucht es für eine gute Partnerschaft mehr als nur Kochkünste. Aber es gibt durchaus eine Liebe, die wir durch gesunde Ernährung lebendig halten können: die Eigenliebe. Denn die längste Beziehung, die wir jemals haben werden, ist die zu unserem Körper.

Die folgenden Rezepte sind für 2 Personen berechnet.

WALDMEISTER-COCKTAIL
MIT ROSENBLÜTEN

Je I EL Waldmeister und Zitronenthymian, fein geschnitten

I Limette, in feine Scheiben geschnitten

I Msp. Vanillemark

Ahornsirup nach Geschmack

¼ l Weißwein

Limettensaft nach Geschmack

Crash-Eis

0,375 l Sekt (halbe Flasche)

I EL Minze, in feine Streifen geschnitten

I EL frische, ungespritzte Rosenblätter

Waldmeister, Zitronenthymian, Limette, Vanille und Ahornsirup etwa I Stunde lang im Wein marinieren lassen, danach abseihen. Mit frisch gepresstem Limettensaft verfeinern. Crash-Eis in Cocktail-Gläser geben, die Waldmeistermischung einfüllen und mit Sekt aufgießen. Zum Schluss mit Minze und Rosenblättern garnieren.

Zubereitungszeit: IO Minuten

GEFÜLLTE LIEBES-TOMATE

VIELE LEGENDEN RANKEN SICH UM DIE ROTBACKIGE TOMATE. MAN VERGLICH
IHRE LEUCHTENDE FARBE MIT DER VERBOTENEN FRUCHT DES PARADIESES, DAHER
DER NAME PARADEISER. AUF DIE ANNAHME, SIE BEWIRKE LIEBESWAHN,
GEHT DER NAME „LIEBESAPFEL" ZURÜCK. NA DANN – EINFACH PROBIEREN!

GEFÜLLTE TOMATE
2 reife, große Fleischtomaten
(oder Ochsenherztomaten)
1 ½ Blatt Gelatine
50 ml Heumilch-Sahne
150 g Schafjoghurt
50 g Crème fraîche
Saft von ½ Zitrone
PASTAGEWÜRZ
100 ml Marillensaft
1 Prise Kurkumapulver
PASTAGEWÜRZ

Salz
1 Prise Zucker
1 EL Olivenöl

BRUSCHETTA
2 Scheiben dünnes Knusper-Knäckebrot
2 getrocknete Tomaten aus dem Glas
1 reife Marille
2 Minzeblätter
2 Basilikumblätter
2 EL Schafskäse

Gefüllte Tomate: Fleischtomaten am Strunkansatz kreuzweise einschneiden, in kochendem Wasser blanchieren, abschrecken, dann die Haut abziehen. Von den Tomaten einen Deckel abschneiden, mit einem Löffel vorsichtig aushöhlen. Fruchtfleisch zur Seite stellen.

Gelatine in kaltem Wasser einweichen, ausdrücken und in 50 ml erwärmter Sahne auflösen, glatt rühren. Mit Schafjoghurt und Crème fraîche verrühren, mit Zitronensaft und Pastagewürz abschmecken. In die Tomaten füllen und 30 Minuten kalt stellen.

Das Tomatenfruchtfleisch passieren, den Saft auffangen, einmal aufkochen, Marillensaft dazugeben und mit Kurkuma und Pastagewürz, Salz, Zucker und etwas Olivenöl abschmecken. Beim Anrichten die Tomaten auf diesen Fruchtspiegel setzen.

Bruschetta: Getrocknete Tomaten, Marille, Minze und Basilikum in schöne Streifen schneiden und mit dem zerteilten Schafkäse auf das Knusper-Knäckebrot drapieren.

Zubereitungszeit: 15 Minuten

SEEZUNGE
FÜR ZWEI VERLIEBTE

SEIT DER ANTIKE WIRD SAFRAN EINE APHRODISISCHE WIRKUNG NACHGESAGT.
SAFRAN SOLLTE ETWA 20 MINUTEN IN GANZ WENIG WARMER FLÜSSIGKEIT
EINGEWEICHT WERDEN – WASSER, MILCH ODER WEISSWEIN. DADURCH GIBT
ER MEHR FARBE AB UND AUCH DAS AROMA ENTWICKELT SICH SCHÖNER.
NICHT ZU LANGE KOCHEN, IMMER ERST ZUM SCHLUSS ZUGEBEN.

SEEZUNGE

1 Seezunge, ca. 400 g (ersatzweise Zander)
FISCHGEWÜRZ
2–3 EL Olivenöl
Je 1 Zweig Rosmarin und Thymian
zum Mitbraten
1 EL Butter
1 EL Petersilie, fein gehackt
Saft von 1 Zitrone

BLATTSPINAT

250 g frischer Blattspinat (Babyspinat)
100 ml Fünf-Elemente-Suppe Gemüse
(oder 1 TL Bio-Gemüsewürze auf 100 ml Wasser)
2 EL Pinienkerne
1 EL Rosinen
BAUERNGARTENSALZ und KRÄUTERGEWÜRZ
1–2 EL Olivenöl

SAFRANSCHAUM

½ weiße Zwiebel
50 g Butter
⅛ l trockener Weißwein
⅛ l Noilly Prat
500 ml Fünf-Elemente-Suppe Gemüse (oder
1 EL Bio-Gemüsewürze auf 500 ml Wasser)
200 ml und 50 ml Heumilch-Sahne
5–6 Fäden Safran, in den 50 ml lippenwarmer
Sahne eingeweicht
BAUERNGARTENSALZ und KRÄUTERGEWÜRZ

Seezunge: Haut von der Seezunge entfernen. Das gelingt am einfachsten, wenn man den Fischschwanz ganz kurz in heißes Wasser taucht – danach lässt sich die Haut in einem Zug ablösen. Von den Seitengräten wird die Seezunge mit einer Schere befreit. Man kann bei einem guten Händler den Fisch auch enthäutet kaufen.

Seezunge würzen und in heißem Olivenöl mit Rosmarin und Thymian beidseitig je 7 Minuten goldbraun braten.

Butter schmelzen, Petersilie und etwas Zitronensaft dazugeben und über die goldbraun gebratene Seezunge träufeln.

Spinat: Spinat reinigen und in heißem Gemüsefond auf Biss garen. Mit gerösteten Pinienkernen, Rosinen, Salz, Kräutergewürz und Olivenöl verfeinern.

Safranschaum: Die gewürfelte Zwiebel in Butter kurz ansautieren. Den Wein und den Noilly Prat zugießen und aufkochen. Den Fond dazugeben und um ⅓ einreduzieren lassen.

Die 200 ml Sahne einrühren und bei niedriger Hitze zu einer cremigen Konsistenz leicht köcheln lassen. Mit Sahne-Safran und den Gewürzen aromatisieren. Kurz vor dem Servieren mit dem Stabmixer aufmixen.

Zubereitungszeit: 35 Minuten

ROMANTIK

LIEBES-FONDUE

MIT TONKABOHNEN

ES IST EIN SINNLICHES SPIEL UND EINE DER SÜSSESTEN VERSUCHUNGEN ÜBERHAUPT: DAS SCHOKOLADENFONDUE. EIN BESONDERS STIMULIERENDES LIEBESGEWÜRZ IST DIE TONKABOHNE. IHR GESCHMACK ERINNERT AN VANILLE, KARAMELL, MANDELN, MARZIPAN UND SÜSSHOLZ. TONKABOHNEN SIND DIE GETROCKNETEN SAMEN DES TONKABAUMES. SIE WERDEN FEIN GERIEBEN, WIE EINE MUSKATNUSS.

LIEBES-PRALINEN
150 g Zartbitterschokolade, mindestens 60% Kakaoanteil

50 g Milchschokolade

100 ml Heumilch-Sahne

1 Msp. Vanillemark

2 EL Amaretto

1 Msp. Tonkabohne

Mandeln nach Bedarf

SCHOKOLADENGLASUR
50 g Kakaobutter (ersatzweise Haselnussöl oder Kokosfett)

200 g Zartbitterschokolade, mindestens 60% Kakaoanteil

SCHOKOLADENFONDUE
125 ml Heumilch-Sahne

125 ml Heumilch

1 Msp. Vanillemark

125 g hochwertige Zartbitterschokolade, mindestens 60% Kakaoanteil

1 Msp. Tonkabohne

1 Becher frische Früchte (Erdbeeren, Bananen, Birnen, Ananas)

Pralinen: Die Schokolade im Wasserbad lauwarm schmelzen. Die Sahne und das Vanillemark in einem Topf einmal aufkochen und sofort mit dem Schneebesen in die Schokolade mixen. Mit Amaretto und geriebener Tonkabohne abschmecken, leicht abkühlen lassen und so viele geröstete, geriebene Mandeln einarbeiten, dass man Pralinen formen kann. In die Pralinen je einen Zahnstocher stecken, kurz einfrieren. Die leicht angefrorenen Pralinen mit der Schokoladenglasur überziehen, die Glasur kurz antrocknen lassen und die Zahnstocher entfernen.

Schokoladenglasur: Kakaobutter schmelzen lassen und die klein gehackte Schokolade darin unter Rühren auflösen.

Schokoladenfondue: Die Sahne, Milch und Vanillemark aufkochen und anschließend die klein gehackte Schokolade langsam einrühren. Auch das Fondue kann mit etwas fein geriebener Tonkabohne gewürzt werden. Je nach Vorliebe und Saison eignet sich jedes Obst für das Fondue. Wichtig ist, dass die Früchte gewaschen und gut abgetrocknet werden.

Zubereitungszeit: Pralinen 90 Minuten, Fondue 10 Minuten

WENN WIR ÜBERRASCHEND BESUCH BEKOMMEN ...

... SO SIND ES MEISTENS UNSERE KINDER UND ENKELKINDER
ODER MEINE ENGSTEN FREUNDE, VON DENEN ICH WEISS, WAS SIE MÖGEN.
DANACH RICHTE ICH IMMER AUCH MEINE VORRÄTE AUS.

Stressfreie Gastlichkeit beginnt daher mit der Frage: Was mögen die Menschen, die unerwartet kommen können? Fremde und Bekannte werden ja eher selten unangekündigt zum
Essen vor der Tür stehen. Wer zudem nach dem Motto „Gut geplant ist gesund gegessen"
nach einem Wochenplan zum Einkaufen geht, tut nicht nur sich selbst und dem Haushalts-
budget viel Gutes, sondern ist auch immer bereit und flexibel, um spontan Gäste zu bewir-
ten. Auch das Vor- oder Mehrkochen und Einfrieren (z.B. Fünf-Elemente-Suppen, Tomatensauce) ist eine gute Strategie für schnelles, zeitsparendes Essen.

FRITTATA

MIT SPINAT, JUNGEN ERBSEN UND TOMATEN

EIER HAT MAN MEISTENS ZU HAUSE. EINE FRITTATA LÄSST SICH JE NACH SAISON ODER
VORLIEBE MIT GEMÜSE UND KRÄUTERN GANZ EINFACH ABWANDELN. IM FRÜHLING
GEBE ICH GRÜNEN SPARGEL DAZU, IM SOMMER UND HERBST EINE HANDVOLL PILZE.

FRITTATA

1 EL Butter für die Pfanne zum Ausbuttern

8 Eier

180 ml Heumilch

Je ¼ TL BAUERNGARTENSALZ
und BUNTER BERGPFEFFER

8 gehäufte EL Parmesan oder Bergkäse,
frisch gerieben

1 Handvoll junge Erbsen

1 Handvoll Baby-Blattspinat, gereinigt

½ Knoblauchzehe, fein gehackt

AUSSERDEM

150 g Kirschtomaten, halbiert

125 g Ziegenfrischkäse oder Büffelmozzarella

Wildkräuter (Vogelmiere, Spitzwegerich,
Löwenzahn, Brunnenkresse) nach Verfügbarkeit
oder Petersilie, Rucola und Basilikum

Lein- oder Olivenöl

Frittata: Eine feuerfeste Form ausbuttern. Eier und Milch mit Salz und Pfeffer versprudeln,
Käse, Erbsen, Spinat und Knoblauch einrühren. Die Masse in die Form füllen und im 170 °C heißen Backofen 30–35 Minuten backen. Die Frittata sollte gestockt und leicht gebräunt sein.

Zum Servieren mit Tomaten, Ziegenfrischkäse oder Mozzarella sowie den Kräutern bunt
ausgarnieren. Nach Geschmack mit kalt gepresstem Oliven- oder Leinöl beträufeln.

Zubereitungszeit: ca. 25 Minuten

TIPP

Die Frittata wird kalt oder warm als Vorspeise oder Hauptgericht serviert
oder in kleineren Stücken zum Aperitif gereicht. Sie ist auch ideal
zum Mitnehmen, fürs Büro oder zum Picknick.

DREIERLEI AUFSTRICHE

AUFSTRICHE SIND EINE SCHNELLE LÖSUNG FÜR EIN BUNTES AUFSTRICH-BÜFFET. SIE ANTWORTEN AUF JEDEN GÄSTE-GUSTO, RESTE SCHMECKEN ZUM FRÜHSTÜCK, IM JAUSEN- ODER ABENDBROT, BEIM PICKNICK ODER MIT EINEM GLAS WEIN AUF DEM BALKON.

AVOCADO-AUFSTRICH
2 reife Avocados, entkernt
2–3 EL Sauerrahm
I EL Crème fraîche
Saft von ½ Zitrone
Steinsalz und MEDITERRANES GEWÜRZ

THUNFISCH-AUFSTRICH
I Dose Thunfisch (ca. 150 g)
3–4 EL Mayonnaise
3–4 EL Frischkäse
I EL grüne Oliven, klein würfelig geschnitten

I EL frisches Basilikum, fein geschnitten
Steinsalz und MEDITERRANES GEWÜRZ

EI-AUFSTRICH
3 Bio-Eier, 8 Minuten gekocht, geschält und fein gewürfelt
2 EL Topfen
2 EL Mayonnaise
½ TL Senf
Je I Prise Salz und Zucker
Zitrone nach Geschmack
HABIBI-GEWÜRZ und KRÄUTERGEWÜRZ

Avocado-Aufstrich: Alle Zutaten in der Moulinette zu einer cremigen Masse mixen.

TIPP

Besonders fein wird der Aufstrich durch Zugabe von etwas Leinöl und einem Schuss Tabasco. So schmeckt der Aufstrich meiner Tochter Simone am allerbesten.

Thunfisch-Aufstrich: Alle Zutaten verrühren und mit den Gewürzen fein abschmecken.

TIPP

Besonders fein schmeckt der Thunfisch-Aufstrich mit je I EL klein geschnittenen Kapern, Essiggurken und rotem Paprika.

Ei-Aufstrich: Alle Zutaten verrühren, zum Schluss die fein gewürfelten Eier unterheben und mit den Gewürzen pikant abschmecken.

TIPP

Verfeinern kann man den Ei-Aufstrich mit I TL Sardellenbutter und I Schuss Worcestersauce und Zirbenkräutersalz.

Zubereitungszeit pro Aufstrich: 5–10 Minuten

FLAMMKUCHEN

MIT FRISCHKÄSE, PARMASCHINKEN, WILDKRÄUTERN UND PAPRIKA-CHILI-PESTO

FLAMMKUCHEN KANN, NACH GESCHMACK UND KÜHLSCHRANKINHALT, VON LEICHT BIS DEFTIG BELIEBIG BELEGT WERDEN. MANCHERORTS WIRD STATT FRISCHKÄSE AUCH KARTOFFELPÜREE AUFGESTRICHEN. KLASSISCH IST AUCH EINE SÜSSE VARIANTE MIT BIRNEN, ÄPFELN, ROSINEN UND ZIMT.

FLAMMKUCHEN
1 Pkg. Flammkuchenteig
4 EL Frischkäse
Je 2 EL Bio-Joghurt und Crème fraîche
Je 1 EL Petersilie und Basilikum, fein gehackt
MEDITERRANES GEWÜRZ
2 EL Frühlingszwiebeln, fein geschnitten
4 Scheiben (Parma-)Schinken, klein gewürfelt

AUSSERDEM
Rucola oder Wildkräuter aus der Wiese
(Löwenzahn, Spitzwegerich, Vogelmiere)
MEDITERRANES GEWÜRZ

PAPRIKA-CHILI-PESTO
2 rote Paprika
2 gelbe Paprika
¼ Zwiebel
1 Knoblauchzehe
60 g Zucker
100 ml Rotweinessig
150 ml Rotwein
1 Lorbeerblatt
Steinsalz und BERGPFEFFER
Tabasco oder Chili nach Geschmack

Flammkuchen: Backrohr auf 220 °C vorheizen. Den Teig auf Backpapier ausrollen.

Frischkäse, Joghurt und Creme fraîche verrühren und mit den Kräutern und dem mediterranen Gewürz gut abschmecken. 2 EL zum Garnieren zur Seite geben. Den Rest auf den Teig streichen.

Frühlingszwiebel und Schinkenwürfel darüberstreuen. Der Ofen muss gut heiß sein, dann ca. 10–15 Minuten goldbraun backen.

Paprika-Chili-Pesto: Gereinigte Paprika mit einem Gemüseschäler schälen und in kleine Würfel schneiden. Zwiebel und Knoblauchzehe in kleine Würfel schneiden. Zucker in einem Topf erhitzen, karamellisieren lassen, mit Essig und Rotwein ablöschen. Alle Zutaten beigeben und sämig einkochen lassen. Pesto mit Salz, Pfeffer und Tabasco oder Chili abschmecken.

Den fertig gebackenen Flammkuchen mit frischen Kräutern und der restlichen Frischkäsecreme ausgarnieren, mit mediterranem Gewürz bestreuen. In Stücke schneiden und mit dem Paprika-Chili-Pesto als pikantem Dip servieren.

Zubereitungszeit: Flammkuchen 25 Minuten, Dip 15 Minuten

CHICKEN-TO-GO

DAS GERICHT PASST PERFEKT, WENN MAN AN WARMEN TAGEN AUF DER TERRASSE ODER IM GARTEN ESSEN MÖCHTE. DAZU DEN UNTEREN TEIL DER GEFÜLLTEN TORTILLAS MIT ALUFOLIE UMWICKELN, DAMIT SIE LÄNGER WARM BLEIBEN. BUTTERBROTPAPIER GEHT AUCH.

TORTILLAS

2 Bio-Hendlbrüste, in Streifen geschnitten
Rapsöl zum Anbraten
4 Handvoll gemischtes Gemüse (Karotten, Junglauch, Sprossen, geschälte Paprika)
2 EL Mangochutney
Frische Korianderblätter und frische Petersilie
Sojasauce nach Geschmack
GRILLGEWÜRZ und AYURVEDISCHES MASALA nach Geschmack
4 Tortillas (hauchdünnes Fladenbrot)
8 EL geriebener Mozzarella

AUSSERDEM

Salat (Pflück- oder Kopfsalat oder Rucola)
1 Becher Bio-Joghurt
(oder Griechisches Joghurt)

Tortillas: Hühnerfiletstreifen in heißem Öl ca. 2 Minuten kurz rundum anbraten, die Gemüsestreifen dazugeben und 3 Minuten weiterbraten. Chutney unterrühren, mit Koriander, Petersilie, Sojasauce und Gewürzen abschmecken.

Backofen auf 180 °C erwärmen, Masse auf die Tortillas aufteilen, mit geriebenem Mozzarella bestreuen und verschließen.

Pfanne mit etwas Öl erhitzen und die gefüllten Fladen beidseitig anbraten. Im Ofen bei 180 °C ca. 5 Minuten fertigbacken. Zum Servieren jeweils halbieren und Salat und Joghurt dazu reichen.

Zubereitungszeit: 20 Minuten

GEMÜSESTICKS

PUR UND IN TEMPURA-TEIG,
MIT GRÜNEM KRÄUTER-JOGHURT-DIP

SIE SIND NICHT NUR EINE ERFRISCHENDE VORSPEISE, WILLKOMMENE
GRILL-BEGLEITUNG ODER CHIPS-ALTERNATIVE FÜR GESELLIGE PLAUDERSTUNDEN,
SONDERN AUCH EINE KÖSTLICHE WARME GEMÜSE-VERFÜHRUNG,
DIE MEINE ENKELKINDER BESONDERS LIEBEN.

GEMÜSESTICKS

800 g beliebiges Gemüse (z.B. Karotten, Zucchini, Kohlrabi, Paprika, Stangensellerie, geschälte Kirschtomaten, Grüner Spargel, Brokkoli)

TEMPURA-TEIG

Je 6 EL Mehl und Maizena (gesamt ca. 200 g)

1 Prise Steinsalz

1 TL Olivenöl

Gemischte Kräuter (Petersilie, Kerbel, Basilikum), klein geschnitten

Eiskaltes Wasser

Öl zum Ausbacken

GRÜNER KRÄUTER-JOGHURT-DIP

Je 2 EL Sauerrahm und Bio-Joghurt

Saft von ½ Zitrone

1 TL Honig

Je 1 TL Petersilie und Basilikum, fein gehackt

1 TL Leinöl

1 Prise Steinsalz

Gemüsesticks: Das Gemüse putzen und in Stifte oder Stücke schneiden.

Tempura-Teig: Mehl und Maizena mit Salz, Olivenöl und Kräutern verrühren und so viel Eiswasser dazugeben, bis ein zähflüssiger Teig entstanden ist.

Das Gemüse in Mehl wenden, abschütteln. Portionsweise durch den Teig ziehen, abtropfen lassen und schwimmend in heißem Öl ca. 3 Minuten knusprig ausbacken. Auf Küchenpapier kurz abtropfen lassen. Sofort mit dem Dip servieren.

Kräuter-Joghurt-Dip: Einfach alle Zutaten zu einem cremigen Dip verrühren und abschmecken.

Zubereitungszeit: 25 Minuten

SCHNELLES VINTAGE-BROT

UND TOMATEN-MOZARELLA-BRUSCHETTA

GETOASTETES SCHWARZBROT – AUCH BAUERNTOAST ODER
STRAMMER MAX GENANNT – IST EIN SCHMACKHAFTER IMBISS, DER AUCH
ZUM BRUNCH ODER ABENDBROT SCHMECKT UND VARIANTENREICH BELEGT
WERDEN KANN. DER FANTASIE SIND HIER KAUM GRENZEN GESETZT.

FÜR DIE HERREN	FÜR DIE DAMEN
4 Scheiben Schwarzbrot, getoastet	4 Scheiben Baguette, getoastet (oder Schwarzbrot)
Olivenöl oder Butter zum Bestreichen	2 vollreife Tomaten, kleinwürfelig geschnitten
8 Scheiben Schinken	2 EL Olivenöl
4 Eier	I EL weißer Balsamico
Öl zum Braten	2 EL Basilikum, fein geschnitten
Salatblätter	MEDITERRANES GEWÜRZ
I Fleischtomate in Scheiben	I Kugel Mozzarella, in feine Scheiben geschnitten
Rucola und Kresse zum Ausgarnieren	2 EL Rucola und Kresse zum Ausgarnieren
MEDITERRANES GEWÜRZ	

Variante für die Herren: Getoastete Brotscheiben mit Olivenöl bestreichen. Inzwischen Schinkenscheiben beidseitig kurz anbraten, herausnehmen, dann die Eier zu Spiegeleiern braten. Brot mit Salatblättern, Schinken, Tomaten und zuletzt mit Spiegelei belegen. Mit Rucola und Kresse garnieren, mit mediterranem Gewürz bestreuen. Sofort servieren.

Variante für die Damen: Die Tomaten mit Olivenöl, Essig, Basilikum und mediterranem Gewürz marinieren, auf das getoastete Baguette geben, mit Mozzarella-Scheiben belegen und im 180 °C heißen Ofen knusprig backen. Die Brote aus dem Ofen nehmen, nochmals mit etwas mediterranem Gewürz bestreuen und mit Rucola und Kresse ausgarnieren. Sofort servieren.

Zubereitungszeit: 15 Minuten

EIS-PALATSCHINKEN
MIT FRÜCHTEN

PALATSCHINKEN MAG JEDER UND SIE SIND SCHNELL GEMACHT. FALLS EIS
UND FRISCHE FRÜCHTE ODER KOMPOTTE FEHLEN, SCHMECKEN SIE MIT FRUCHTMUS
ODER MARMELADE. STATT SCHOKOSAUCE UND SAHNE SERVIERE
ICH LIEBER FRÜCHTE UND FRISCHE MINZE DAZU.

PALATSCHINKEN

3 Eier
¼ l Heumilch
Je 1 Messerspitze Steinsalz und SÜSSE KÜCHE
5 gehäufte EL Mehl (ca. 80 g)
Etwas Öl zum Ausbacken

FÜLLUNG

1 Handvoll frische Früchte (Bananen,
gemischte Beeren, Apfelmus, Birnenkompott)
1 EL Honig nach Belieben
Vanilleeis
Etwas Zitronensaft
Frische Minzeblätter zum Garnieren
Staubzucker zum Bestreuen

Für die **Palatschinken** alle Zutaten außer dem Mehl mit dem Stabmixer mixen, dann das gesiebte Mehl untermischen. Den Teig 20 Minuten quellen lassen. Eine beschichtete Pfanne nur hauchdünn mit Hilfe eines Silikonpinsels mit Öl ausstreichen. Bei mittlerer Hitze goldbraune Palatschinken herausbacken.

Für die **Füllung** Früchte nach Belieben mit Honig süßen. Palatschinken mit dem Vanilleeis und den Früchten füllen, mit Zitronensaft beträufeln, zusammenfalten und mit etwas Staubzucker und Minze servieren.

Zubereitungszeit: 25 Minuten, Teigruhe 20 Minuten

VEGETARISCHE UND VEGANE GERICHTE

ICH LIEBE VEGETARISCHES ESSEN, ES IST BUNT UND FARBENFROH,
SCHMECKT HERRLICH, LÄSST KILOS PURZELN UND IST FÜR DEN GESAMTEN KÖRPER
BALSAM. ES MACHT GESUND UND VITAL.

Reichlich Obst und Gemüse sind die wichtigsten Zutaten für eine ausgewogene Vitamin-
und Mineralstoffversorgung und ein leichteres, lebendiges Körpergefühl. Es schützt unsere
Zellen mit Antioxidantien vor freien Radikalen. Obst und Gemüse ist pure Gesundheitskost.

VITALES

QUINOASALAT

MIT GURKE, FENCHEL UND FERMENTIERTEM JOGHURT

SALAT
350 ml Fünf-Elemente-Suppe Gemüse
100 g Quinoa
3 Minigurken, gewürfelt
½ Fenchel, gewürfelt
1 Handvoll Kräuter (Brunnenkresse, Rucola, Löwenzahn, Giersch, Petersilie, Estragon)
100 g Ziegen- oder Schafskäse, zerbröselt
Balsamico-Dressing (siehe Seite 65)
Essbare Blüten nach Belieben
(z.B. Ringelblume, Veilchen, Rosenblüten)

JOGHURT-DIP
250 g Griechisches Joghurt oder selbst gemachtes, fermentiertes Joghurt
(siehe Seite 37)
Zitrone und Honig nach Geschmack
1 Prise Steinsalz
Pfeffer
4 Blatt Minze, in feine Streifen geschnitten

Für den **Salat** Gemüsefond erhitzen, Quinoa zugeben und etwa 10 Minuten köcheln lassen, abseihen und gut abtropfen lassen. Quinoa auf einem Küchenkrepp trocken tupfen und in eine Schüssel geben.

Quinoa mit den restlichen Zutaten (bis auf die Blüten) vermengen, marinieren und die Blüten darüberstreuen.

Für den **Dip** Joghurt mit Zitrone, Honig, Salz, Pfeffer und Minze abschmecken und zum Quinoasalat im Schälchen servieren.

Zubereitungszeit: 30 Minuten

MAISCREMESUPPE

MIT CURRY UND KURKUMA

DIE „GOLDENE SUPPE", EIN EINFACHES, SCHNELLES AROMA-GERICHT,
DAS MIT SEINER SONNIGEN FARBE BEGLÜCKT UND AUCH KINDERN SEHR GUT
SCHMECKT. WER ES GERNE SCHARF HAT, KANN AUCH CHILI DAZUGEBEN.

SUPPE

1 l Fünf-Elemente-Suppe Gemüse
200 g Tiefkühl-Mais
200 ml Kokosmilch
2 TL AYURVEDISCHES MASALA
1 TL Kurkuma
1 TL Curry

AUSSERDEM

12 Cocktailtomaten
Kresse zum Garnieren

Maiscremesuppe: Gemüsesuppe aufkochen und die restlichen Zutaten dazugeben. Etwa 20 Minuten weich kochen. Einige Maiskörner für die Einlage beiseitelegen, die restliche Suppe mixen und durch ein Sieb passieren. Wer einen guten Standmixer hat, spart sich das Passieren.

Die Cocktailtomaten kurz in heißes Wasser legen, Haut abziehen und in die Suppe einlegen. Mit Kresse und Maiskörnern ausgarnieren.

Zubereitungszeit: 25 Minuten

KOHLRABI-CARPACCIO
MIT 7-KRÄUTER-SUPPE

CARPACCIO LEBT VON DER DER FRISCHE DER ZUTATEN. ERST KURZ
VOR DEM VERZEHR ZUBEREITEN, SONST WERDEN DIE ZARTEN SCHEIBEN ZU TROCKEN.
DURCH DAS HAUCHZARTE AUFSCHNEIDEN VON GEMÜSE KOMMEN DIE FEINEN
AROMEN HERVORRAGEND ZUR GELTUNG.

SUPPE
7-Kräuter-Suppe (Rezept siehe Seite S. 211)

CARPACCIO
4 kleine Kohlrabi
4 EL Leinöl
2 EL dunkler, alter Balsamico-Essig
1 TL BAUERNGARTENSALZ

Pfeffer
1 EL Zucker
1 EL Zitronensaft

AUSSERDEM
1 Schale Gartenkresse
4 EL Cashew-Nüsse, gehackt und geröstet
4 Scheiben Schwarzbrot, getoastet

Für das **Carpaccio** Kohlrabi schälen, in hauchdünne Scheiben hobeln, in leicht kochendem Salzwasser 2 Minuten ziehen lassen, in eiskaltem Wasser abschrecken, mit Küchenkrepp trocken tupfen.

Kohlrabi auf Tellern anrichten, Öl mit Balsamico, Salz, Pfeffer, Zucker und Zitrone vermengen und über den Kohlrabi träufeln.

Zum Servieren mit Kresse und Nüssen garnieren und getoastete Schwarzbrotscheiben und 7-Kräuter-Suppe dazu reichen.

Zubereitungszeit: 20 Minuten

TIPP

Auch aus Gurke, Zucchini, Karotte, Rote Rübe, Rettich und Spargel
kann man ein köstliches Gemüse-Carpaccio zubereiten
und fantasievoll marinieren.

DREIERLEI RISOTTO

KAUM EIN GERICHT IST SO VIELFÄLTIG WIE EIN RISOTTO. DAS BASISREZEPT LÄSST SICH MIT DEN UNTERSCHIEDLICHSTEN ZUTATEN IMMER WIEDER ABÄNDERN – SO IST ES ZU JEDER JAHRESZEIT EIN HOCHGENUSS.

RISOTTO-BASISREZEPT

2 EL Butter
2 gehäufte EL Zwiebel, fein geschnitten
300 g Risottoreis
1/16 l trockener Weißwein zum Ablöschen
Ca. 1,2 l Fünf-Elemente-Suppe Gemüse, heiß
3–4 EL Parmesan
1 EL Butterflocken
1 TL MEDITERRANES GEWÜRZ
1 TL KRÄUTERGEWÜRZ
1 EL Petersilie

ZITRONE-KAPERN-SALBEI-VARIANTE

1 EL Zitronenschale, fein abgerieben
1 EL Zitronensaft
3–4 EL kleine Kapern
4 Blätter Salbei, fein geschnittenen
1 Handvoll Basilikumblätter, klein gezupft, zum Garnieren

SPINAT-BÄRLAUCH-PILZE-VARIANTE

2 Handvoll Babyspinat, gereinigt
2 Handvoll Pilze, in etwas Öl ansautiert und klein geschnitten
8 Blätter Bärlauch, fein geschnitten
Affilla Kresse zum Garnieren (schmeckt nach Zuckererbsen)

SPARGEL-SAFRAN-KURKUMA-VARIANTE

8 Stangen Spargel, geschält und in Scheiben geschnitten
2 EL gemischte frische Kräuter
1 TL Kurkuma
Safranfäden, 15 Minuten in wenig Weißwein eingeweicht

Für das **Risotto-Basisrezept** Butter in einem Topf schmelzen, die Zwiebel darin glasig werden lassen, Risottoreis dazugeben und anschwitzen, mit Weißwein ablöschen und einreduzieren lassen. Unter Rühren den heißen Gemüsefond nach und nach beigeben, bis das Risotto sämig und auf Biss gegart ist.

Für die **Varianten** die jeweiligen Zutaten unterheben und unter weiterem sanften Rühren fertig garen.

Zum Schluss sowohl beim Basisrezept als auch bei den Varianten den geriebenen Parmesan unterheben, mit Butter montieren, mit den jeweiligen Gewürzen abschmecken und mit den Kräutern ausgarnieren.

Zubereitungszeit: 30–40 Minuten

ORIENTALISCHES COUSCOUS
MIT TOMATEN-TABULEH-SALAT

ICH MAG DIESE KALT-WARM-KOMBINATION VON WARMEM COUSCOUS
UND KALTEM TOMATENSALAT. DER GESCHMACK VON TOMATEN ÄNDERT
SICH MIT DER TEMPERATUR.

SALAT
3–4 Tomaten
2 Bd. Petersilie
½ TL Minzeblätter, gehackt
2 Frühlingszwiebel, fein gehackt
Steinsalz
Saft von 1 Zitrone
4 EL Olivenöl

AUSSERDEM
Salatherzen zum Anrichten

COUSCOUS
350 ml Gemüsefond
150 g Couscous
Je 1 gelbe und rote Paprikaschote
2 Tomaten
Olivenöl zum Ansautieren
1 Handvoll Oliven
1 EL Koriander und Petersilie
Chili-Zitronen-Salz (siehe S. 19)
AYURVEDISCHES MASALA

Tomatensalat: Tomaten blanchieren, häuten, entkernen, klein würfeln. Petersilie grob hacken, mit Minze, Zwiebeln und Tomaten mischen. Mit Salz, Zitronensaft und Olivenöl abschmecken. Auf zerpflückten Salatherzen anrichten.

Couscous: Den Gemüsefond aufkochen, zur Seite stellen, Couscous dazugeben und 20 Minuten ziehen lassen. Paprika und Tomaten schälen, in kleine Würfel schneiden und kurz in Olivenöl ansautieren, mit dem Couscous vermischen und mit den Oliven, Kräutern und Gewürzen abschmecken.

Zubereitungszeit: 30 Minuten

TIPP

Man kann auch gekochten, abgekühlten Couscous
unter den Tomatensalat mischen. Er eignet sich dann hervorragend
zum Mitnehmen ins Büro, zur Schule und fürs Picknick.

SÜSSKARTOFFEL-CURRY

MIT KOKOS-ERDNUSS-SAUCE

WIE DIE KARTOFFEL IST AUCH DIE SÜSSKARTOFFEL (BATATE) EIN GEMÜSE FÜR
SO ZIEMLICH ALLE FÄLLE, OBWOHL SIE MIT DER KARTOFFEL NICHT VERWANDT IST.
SIE SCHMECKT SÜSSLICH, WIE EINE MISCHUNG AUS KARTOFFEL UND KAROTTE.
IHR PFLANZENSTOFF CAIAPO LÄSST DEN NÜCHTERN-BLUTZUCKERSPIEGEL SINKEN,
DARUM IST SIE FÜR DIABETIKER BESONDERS GEEIGNET.

KARTOFFEL-KAROTTEN-MISCHUNG

¾ kg Süßkartoffeln, geschält
und mundgerecht gewürfelt

1 große Karotte, gewürfelt

KOKOS-ERDNUSS-SAUCE

4 Frühlingszwiebel, in feine Streifen geschnitten

1 Knoblauchzehe, fein geschnitten

1 TL frischer Ingwer, gerieben

1 EL gelbes Currypulver

Je 2 TL HABIBI GEWÜRZ
und AYURVEDISCHES MASALA

Öl zum Braten

1 EL Tomatenmark

½ l Kokosmilch

4 EL gesalzene Erdnüsse

2 EL frischer Koriander

1–2 TL Sambal Oelek

Kartoffel-Karotten-Mischung: Süßkartoffeln und Karotten kurz in heißem Öl anbraten und im 160 °C heißen Backrohr während der Zubereitung der Sauce garen.

Kokos-Erdnuss-Sauce: Zwiebel, Knoblauch, Ingwer, Curry, Habibi-Gewürz und Masala etwa 5 Minuten in heißem Öl sanft schmurgeln lassen, bis es duftet; das Tomatenmark dazugeben und mit der Kokosmilch aufgießen. Auf die gewünschte Konsistenz einreduzieren und danach passieren. Dazwischen die Erdnüsse kurz rösten und in die Sauce geben. Mit Koriander und Sambal Oelek würzig abschmecken.

Zum Schluss die Kartoffel-Karotten-Mischung mit der Kokos-Erdnuss-Sauce vermengen und mit Kimchi (siehe Seite 37) oder Basmati-Reis servieren.

Zubereitungszeit: 30 Minuten

TOPFEN-HONIG-FLAN

MIT ZITRONENVERBENE UND WACHAUER MARILLEN

DIE ZITRONENVERBENE, AUCH VERVEINE GENANNT, IST EIN VORZÜGLICHES
HEILKRAUT UND SCHMECKT WUNDERBAR ALS TEE UND IM ESSEN. IHR DUFT BEREITET
EINEN KLEINEN GLÜCKSMOMENT, SIE ERFRISCHT UND BEFLÜGELT GERADEZU.
SPARSAM VERWENDEN, IHR AROMA IST SEHR INTENSIV.

TOPFEN-HONIG-FLAN (reicht für ca. 8 Gläser)

2 Bio-Dotter

1 Bio-Ei

200 g Topfen 20 %, gut ausgedrückt

250 ml Heumilch-Sahne, cremig aufgeschlagen;
50 ml davon separat erwärmen

4 EL Honig

3 Blätter Gelatine, in kaltem Wasser
eingeweicht und ausgedrückt

AUSSERDEM

4–8 kleine Marillen, in Spalten geschnitten

Pinienkerne, geröstet (oder Mandeln)
zum Garnieren

Zitronenverbene zum Garnieren

4 TL Honig

Saft von 1 Zitrone

Flan: Dotter und Ei sehr schaumig aufschlagen. In einer anderen Schüssel Topfen und 200 ml Sahne glatt rühren, Honig einrühren. Ausgedrückte Gelatine in 50 ml heißer Sahne auflösen und in die Topfen-Sahne-Mischung einrühren, aufgeschlagene Ei-Mischung vorsichtig unter die Topfen-Sahne-Mischung heben. In schöne Gläser oder Schalen füllen, etwa 1 Stunde zum Festigen kalt stellen.

Zum Servieren mit den Marillenspalten, den Pinienkernen und Zitronenverbene garnieren und mit je ½ TL Honig und Zitrone beträufeln.

Zubereitungszeit: 15 Minuten

TIPP

Für eine kalorienarme Variante können Topfen und die Sahne durch
insgesamt 450 g cremiges oder fermentiertes Naturjoghurt ersetzt werden.

WACHMACHER ZUM FRÜHSTÜCK

WIE DER MORGEN, SO DER TAG. DAS FRÜHSTÜCK IST UND BLEIBT DIE WICHTIGSTE MAHLZEIT DES TAGES. ES BRINGT DEN KREISLAUF UND STOFFWECHSEL IN SCHWUNG, STABILISIERT DEN BLUTZUCKERSPIEGEL, VERHINDERT TAGSÜBER HEISSHUNGER-ATTACKEN UND SPENDET JEDE MENGE ENERGIE FÜR EINEN VITALEN TAG.

Vieles kann man am Abend vorbereiten, damit es in der Früh schnell geht und mehr Zeit zum Genießen bleibt. Vor allem – und das ist auch wichtig – den Frühstückstisch schon am Vorabend decken. Das kann zum Ritual werden, auch mit Kindern, und gibt dem Morgenmahl die Wertigkeit, die es verdient. Im Urlaub freuen sich viele auf ein üppiges Frühstücksbuffet. Die Früchte, das Müsli, die guten Säfte … Es gibt keinen Grund, warum das Zuhause mit ein wenig Planung und der richtigen Einstellung nicht auch so sein kann. Es ist der einfachste Weg, sich einen ganzen Tag lang fit und wohlzufühlen – und wer will das nicht?

MEIN ENERGIETRUNK

DAS ERSTE GETRÄNK AM MORGEN MUSS WARM SEIN, WENN ES
DEN STOFFWECHSEL AKTIVIEREN SOLL. DAHER BEGINNT FÜR MICH EIN GUTER START
IN DEN TAG MIT EINEM WARMEN INGWER- ODER MINZWASSER.

250 ml Wasser
Im Winter: 1 TL frischer Ingwer, klein geschnitten
Im Sommer: 2–3 Minzezweige
Je 1 Prise Steinsalz, Angelikawurzel
und schwarzer Pfeffer

Saft von ½ Zitrone
Honig nach Geschmack

250 ml Wasser aufkochen, Ingwer (oder Minze) zugeben und 5 Minuten ziehen lassen, dann Steinsalz, Angelikawurzel und Pfeffer unterrühren. Zuletzt den Zitronensaft und den Honig dazurühren.

SMOOTHIES ZUM FRÜHSTÜCK

DETOX SMOOTHIE
¼ l Granatapfelsaft
1 Ananas, geschält und in grobe Würfel geschnitten
2 rosa Grapefruit
1 TL Ingwer
1 TL Brennnessel
Stevia zum Süßen

BASISCHER SMOOTHIE
1 Ananas, geschält und in grobe Würfel geschnitten
2 Bananen
2 Bio-Äpfel

2 Karotten
½ l Kokosmilch
1 TL Ingwer

VITAL SMOOTHIE
2 Stangen Stangensellerie
150 g Mangold oder Baby-Blattspinat
1 TL Ingwer
2–3 Bio-Äpfel
Zitronensaft nach Geschmack
125 ml Aloe-Vera-Saft
125 ml naturtrüber Apfelsaft
Stevia oder Honig zum Süßen

Zubereitung für alle Drinks: Alles in einem Blender mixen, außer beim Detox Smoothie: Hier die Grapefruits mit Fruchtfleisch auspressen und den Rest im Blender mixen.

Zubereitungszeit: jeweils ca. 5 Minuten

HAFERFLOCKEN-PORRIDGE

HAFER ENTHÄLT STIMMUNGSAUFHELLENDE „WECKAMINE", WELCHE DIE
MORGENMÜDIGKEIT VERTREIBEN. ER IST WÄRMEND, STÄRKT DAS IMMUNSYSTEM UND
DEN VERDAUUNGSTRAKT. SEINE VERZWEIGTKETTIGEN STÄRKEMOLEKÜLE SPENDEN
ÜBER STUNDEN ENERGIE. ZUDEM UMMANTELN DIE BALLASTSTOFFE ZUCKER UND FETTE,
SCHEIDEN SIE TEILWEISE MIT AUS UND ENTLASTEN SO DEN BLUTKREISLAUF.

FÜR 3 PERSONEN

½ l Mandel-Milch oder Heu-Milch

1 Prise Steinsalz

70 g Haferflocken (oder Dinkelflocken)

Rosinen nach Belieben

1 TL Leinsamen, der am Abend in 100 ml Wasser eingeweicht wurde

2 EL Honig

Nüsse (Haselnüsse, Walnüsse, Mandeln und/oder Kokosflocken) geröstet

Früchte der Saison, gedämpft oder frisch

Milch mit Salz, Haferflocken, Rosinen und Leinsamen erhitzen und ca. 20 Minuten leicht köcheln, bis eine cremige Konsistenz entsteht. Mit Honig abschmecken. Mit Nüssen bestreuen und mit Früchten servieren.

Zubereitungszeit: 25 Minuten

TIPP

Den Porridge kann man gut am Abend vorbereiten. Am Morgen
nur noch mit etwas heißer Milch cremig rühren und fertigstellen.

GESCHICHTETES LEINÖL-TOPFEN-MÜSLI

DIE BEWÄHRTE ÖL-EIWEISS-KOST NACH JOHANNA BUDWIG UNTERSTÜTZT
MIT UNGESÄTTIGTEN FETTSÄUREN UND AMINOSÄUREN DIE GESUNDE ZELLATMUNG,
UNTERSTÜTZT DIE STOFFWECHSELFUNKTIONEN, SCHENKT ENERGIE, SÄTTIGT LANGE
UND SCHMECKT AUSGEZEICHNET – AUCH KINDERN.

PRO PERSON

125 g Heumilch-Topfen (Kuh, Schaf oder Ziege)
2 EL hochwertiges Leinöl
2 EL Heumilch oder Heumilch-Joghurt
2 TL Honig
Zimt oder Kardamom nach Belieben

1 EL Getreideflocken (z.B. Hirse, Hafer, Erdmandeln oder auch andere)
3 EL Früchte nach Jahreszeit, auch Kompott oder Trockenfrüchte
1 EL Leinsaat, geschrotet oder über Nacht in Wasser eingeweicht
1 EL Nüsse und Mandeln, frisch gehackt (oder Sonnenblumenkerne)

Den Topfen mit dem Leinöl und der Milch cremig verrühren. Die Creme mit Honig süßen, mit Zimt abschmecken.

Getreide mit den Früchten und Saaten in ein Glas schichten, mit der Topfen-Leinölcreme abdecken und mit Nüssen und Früchten ausgarnieren.

Zubereitungszeit: 5 Minuten

AVOCADO

MIT SOJASPROSSEN, KICHERERBSEN UND ERDNÜSSEN

DIE LEICHT VERDAULICHE, NÄHRSTOFFREICHE AVOCADO SÄTTIGT GUT UND FÖRDERT
DIE KONZENTRATION. EIN IDEALER START FÜR AUFGABENREICHE TAGE.

4 EL Erdnüsse

8 EL Kichererbsen aus dem Glas,
abgespült und abgetropft

4 Minzeblätter

2 Avocados, geschält, entkernt und geviertelt

2 Handvoll Sojasprossen

4 EL Balsamico-Dressing (siehe S. 65)

Erdnüsse und Kichererbsen grob hacken, mit der Minze mischen und zusammen mit den
Avocados und den Sojasprossen anrichten. Mit dem Dressing beträufeln und servieren.

Zubereitungszeit: 10 Minuten

EI BENEDICT

MIT GARTENRADIESCHEN UND KRESSE

KÖSTLICH FÜR ALLE, DIE ES NICHT SÜSS MÖGEN. ODER FÜR DEN SONNTAGS-BRUNCH. DAS EIWEISS IM EI FÖRDERT DIE KONZENTRATION: ES BEWIRKT, DASS DAS WACH-HORMON OREXIN WIRKT. RADIESCHEN UND KRESSE MACHEN HELLWACH.

KRÄUTERCREME

80 ml Fünf-Elemente-Suppe Gemüse
2 EL Apfelessig
2 Dotter
150 ml Rapsöl
1 Schuss Tabasco
BAUERNGARTENSALZ

EI BENEDICT

4 Eier
Salz
2 EL Essig
Ca. 2 l Wasser, den Topf etwa bis zu zwei Drittel oder ein wenig mehr mit Wasser füllen

AUSSERDEM

4 Scheiben Vollkorntoast
4 Salatherzen, zerpflückt
100 g Schinken
1 Bund Radieschen, in feine Streifen geschnitten
1 Handvoll Kräuter (Kresse, Löwenzahn, Vogelmiere, Rucola, Petersilienblätter)
BUNTER BERGPFEFFER
BAUERNGARTENSALZ

Zuerst die **Kräutercreme** zubereiten: Gemüsefond mit Apfelessig vermischen. 2 Dotter mit dem Stabmixer aufmixen, Rapsöl mit Gemüsefond vermischen und langsam unter ständigem Mixen in die Dotter rühren, bis die Masse schaumig wird. Mit Tabasco und Salz abschmecken.

Ei Benedict: In einem Topf ca. 2 l Wasser erhitzen (heiß, aber nicht sprudelnd, ca. 85 °C), Salz und etwas Essig beigeben. Jedes Ei vorsichtig in eine mit Wasser ausgespülte Tasse schlagen, ohne dabei das Dotter zu verletzen. Einen Schopflöffel (max. 8 cm Durchmesser) ins simmernde Wasser eintauchen, das Ei langsam in den Schöpfer gleiten lassen und 6–7 Minuten im Wasserbad simmern lassen. Das Ei herausgeben und abtropfen lassen, diesen Vorgang mit den restlichen 3 Eiern wiederholen.

Zum Servieren den Vollkorntoast goldbraun toasten, mit Salatherzen und Schinken belegen. Das pochierte Ei auf den Schinken setzen, Kräutercreme darübergießen und mit Radieschen, Kräutern und Gewürzen bestreuen.

Zubereitungszeit: 15 Minuten

GUTES ZUR GUTEN NACHT

WAS WIR AM ABEND ESSEN, BEEINFLUSST GANZ WESENTLICH
DIE SCHLAFQUALITÄT. UNSER ORGANISMUS SCHLÄFT ZWAR NICHT,
ABER ER ARBEITET WÄHREND DER NACHT ANDERS ALS AM TAG.

Am Tag ist er mit Bewegung und Verteidigung beschäftigt, am Abend mit der Reparatur, dem Entgiften und mit der Neubildung von Zellen. Wer zu wenig schläft, verkürzt die Regenerationszeit. Auch wer den Magen und Verdauungstrakt noch spät mit schwer Verdaulichem beschäftigt, tut dies. Dass das langfristig nicht gut sein kann, liegt auf der Hand. Essen ist trotzdem wichtig, denn auch mit einem knurrenden Magen schläft es sich schlecht. Nicht zu spät sollte die letzte Mahlzeit eingenommen werden, dabei auf leicht Verdauliches achten und bevorzugt Lebensmittel genießen, die der Produktion des Schlafhormons Melatonin unterstützend entgegenkommen. So kann der Regenerationsprozess auf Hochtouren laufen und wir erwachen erholt und fit.

MEIN LIEBESTRUNK

NICHT IMMER IST ES DIE ERNÄHRUNG, OFT BEEINTRÄCHTIGEN AUCH STRESS, UNGUTE
GEDANKEN UND SORGEN DEN SCHLAF. MEIN LIEBESTRUNK DIENT ZU ALLERERST DER
EIGENLIEBE, DER INNEREN RUHE. ER BERUHIGT, WÄRMT UND STREICHELT DIE SEELE.
UND WEIL ER AUCH APHRODISISCH IST, WECKT ER AUCH DIE ZÄRTLICHKEIT.

400 ml Heumilch (oder Kokosmilch)	1 Prise Steinsalz
1 EL Honig nach Geschmack	1 Prise Schwarzer Pfeffer aus der Mühle
½ TL SÜSSE KÜCHE	50 g Schokolade, 70–80 % Kakaoanteil, klein geschnitten
1 Msp. Tonkabohne, gerieben	
1 Msp. Vanillemark	Cognac nach Geschmack

Heumilch in einem Topf erhitzen, alle Gewürze dazugeben, 10 Minuten ziehen lassen. Dann
die Schokolade darin auflösen und mit Cognac abschmecken, lauwarm servieren.

KRÄUTER-SCHLAFTEE

DIE KRÄUTER BEKOMMT MAN AUCH IN DER APOTHEKE IN GEPRÜFTER
ARZNEIMITTELQUALITÄT (DAS GARANTIERT DEN WIRKSTOFFGEHALT),
WENN MAN SIE NICHT SELBST SAMMELT UND TROCKNET.

20 g Zitronenmelisse	15 g Kamille oder Anis
5 g Lavendel	15 g Salbei
15 g Wermutkraut	1 Prise Zimt
15 g Johanniskraut	1 TL Honig
15 g Rosenblüten	1 Msp. Vanillemark

Pro Tasse 1 TL von der Kräutermischung aufgießen und mit Zimt, Honig und Vanille abschmecken.

TIPP

Neben den bewährten Tee-Schlafkräutern hilft auch ein Zirbenkissen.
Die Späne der Zirbe enthalten Balsame und ätherische Öle mit beruhigender
Wirkung. Auch ein Tropfen ätherisches Lavendel- oder Orangenöl
auf dem Kopfkissen fördert den Schlaf.

BASISCHE SUPPE –
PASTINAKENWURZELCREME

VERMEHRTE BASEN-ANTEILE ERLEICHTERN DEM KÖRPER WÄHREND
DER NACHT DIE REGENERATIONSARBEIT UND DAS BINDEN UND AUSSCHEIDEN
VON ÜBERSCHÜSSIGEN SÄUREN. DIE CREMIGE SUPPE IST AUCH FÜR DIE SEELE
EIN SCHMEICHELNDES BETTHUPFERL.

50 ml Maiskeimöl	1 l Fünf-Elemente-Suppe Gemüse
Je 100 g Pastinaken, Lauch, mehlige Kartoffeln, Stangensellerie, Knollensellerie, gelbe Rüben	200 ml Sahne
½ Gemüsezwiebel	BAUERNGARTENSALZ und KRÄUTERGEWÜRZ
½ Fenchelknolle	1 Prise BERGPFEFFER
	Kresse zum Garnieren

Öl erhitzen, das klein geschnittene Gemüse dazugeben und langsam weich garen lassen. Danach mit dem Fond aufgießen und zum Schluss die Sahne zugeben. Mixen oder passieren, mit Gewürzen abschmecken und mit Kresse servieren.

Zubereitungszeit: 30 Minuten

KARFIOL- UND BROKKOLI-RÖSCHEN

MIT HASELNUSS-QUENDEL-BRÖSEL UND RAHMSPINAT

KARFIOL ODER BLUMENKOHL BESITZT EINE FEINE ZELLSTRUKTUR UND IST DAHER BESONDERS BEKÖMMLICH UND LEICHT VERDAULICH. SCHON BABYS VERTRAGEN GEGARTEN UND PÜRIERTEN BLUMENKOHL PROBLEMLOS.

KARFIOL UND BROKKOLI

½ Karfiol

½ Brokkoli

250 ml Fünf-Elemente-Suppe Gemüse

BRÖSEL

2 EL Weißbrotbrösel

2 EL Haselnüsse, gehackt

4–5 EL Leinöl

1 EL Petersilie, Quendel oder Thymian

Je 1 Prise BAUERNGARTENSALZ
und KRÄUTERGEWÜRZ

RAHMSPINAT

400 ml Blattspinat

1 EL Sonnenblumenöl

1 Knoblauchzehe

1 TL BAUERNGARTENSALZ

1 Prise Muskatnuss

150 ml Heumilch-Sahne

Karfiol und Brokkoli vom Strunk entfernen, die Röschen entweder im Dampfgarer oder in Gemüsefond auf Biss garen. Gemüsefond gegebenenfalls auffangen und für die Sauce verwenden.

Brösel: Weißbrotbrösel und Haselnüsse im Ofen goldbraun rösten, mit Öl, Kräutern und den Gewürzen vermengen und über die Röschen geben. Statt des Leinöls kann man auch 1–2 EL (ca. 30 g) zerlassene Butter mit den Bröseln vermischen.

Rahmspinat: Spinat waschen, abtropfen lassen, bei Bedarf zerkleinern. Öl in Topf erhitzen, Gewürze und Spinat dazugeben, weich dünsten, Sahne hinzufügen, mixen und abschmecken.

Zubereitungszeit: 25 Minuten

IM OFEN GEGARTES LACHSFILET

MIT FENCHEL-ANIS-FOND UND BUCHWEIZEN

BUCHWEIZEN IST EINE ALTE HEILPFLANZE, DIE FRÜHER UND AUCH HEUTE WIEDER ALS SCHLAFMITTEL EINGESETZT WURDE UND WIRD. BUCHWEIZEN IST REICH AN TRYPTOPHAN (STECKT AUCH IM LACHS), DAS DIE BILDUNG DES SCHLAFHORMONS MELATONIN FÖRDERT. ANIS, FENCHEL UND ZITRONE BESCHLEUNIGEN ZUDEM DIE VERDAUUNGSARBEIT.

LACHS
4 Wildlachsfilets (à 120 g)
Butter zum Bestreichen
2 EL Zitronensaft
FISCHGEWÜRZ

BUCHWEIZEN
100 g Buchweizen
200 ml Fünf-Elemente-Suppe Gemüse

FENCHEL-ANIS-FOND
¼ Fenchel, klein geschnitten
4 EL natives Olivenöl
2 Tomaten
1 Msp. Anissamen
½ l Fünf-Elemente-Suppe Gemüse

Lachsfilets: Flache Porzellanteller mit flüssiger Butter bestreichen. Wildlachsfilets mit der Hautseite nach oben einlegen. Die Form mit Klarsichtfolie straff abdecken, in den 100 °C heißen Ofen stellen und etwa 15–20 Minuten fertig garen. Der Fisch ist gar, wenn sich die Haut leicht ablösen lässt. Herausnehmen, mit Zitronensaft beträufeln und würzen.

Buchweizen im Gemüsefond garen, bis die Flüssigkeit vollkommen aufgenommen wurde (wie Reis kochen).

Fenchel-Anis-Fond: Fenchel in Olivenöl anschwitzen und etwa 10 Minuten garen, die klein geschnittenen Tomaten und Anis zugeben und etwa 5 Minuten weiterschmurgeln lassen. Mit heißem Gemüsefond aufgießen, mixen und passieren.

Lachs mit der Sauce und dem Buchweizen anrichten und mit hauchdünnen Fenchelscheiben und Fenchelgrün garniert servieren.

Zubereitungszeit: 30 Minuten

GRIESSFLAMMERIE
MIT BIRNENMUS, WEICHSELN UND MELISSE

WEICHSELN SIND SANDMÄNNCHEN UND DIE BESTE QUELLE FÜR
AUSSERGEWÖHNLICH VIEL NATÜRLICHES MELATONIN (SCHLAFHORMON).
SIE SOLLEN DEN TIEFSCHLAF UND DAS DURCHSCHLAFEN FÖRDERN.

GRIESSFLAMMERIE

250 ml Heumilch
60 g Grieß
1 Msp. Vanillemark
5 Eigelb
4–5 EL Honig
3 Blatt Gelatine
250 ml Heumilch-Sahne

BIRNENMUS

1 Glas Birnenkompott (250 g)
1 Msp. Vanillemark
1 Prise SÜSSE KÜCHE
1 Prise Kurkuma
Saft von 1 Zitrone

AUSSERDEM

100 g Weichseln, aus dem Glas oder frisch
8 Melissenblätter, klein geschnitten (und/oder
1 TL Johanniskrautblüten oder Lavendelblüten)

Grießflammerie: Milch, Grieß und Vanille verrühren. Einmal aufkochen lassen und unter Rühren so lange köcheln lassen, bis der Grieß weich ist. In der Zwischenzeit Eigelbe aufschlagen und den Honig einrühren.

Gelatine 2 Minuten in kaltem Wasser einweichen, ausdrücken, in der heißen Grießmasse auflösen und leicht abkühlen lassen. In die Grießmasse die Eigelb-Honig-Masse vorsichtig unterheben. Zum Schluss die cremig geschlagene Sahne dazugeben, in eine Schüssel füllen, abkühlen lassen.

Für das **Birnenmus** alle Zutaten mixen.

Zum Servieren Nocken aus dem Grießflammerie ausstechen und mit Birnenmus und Weichseln anrichten. Zum Schluss mit Melisse und/oder Blüten bestreuen.

Zubereitungszeit: 30 Minuten

MENÜS FÜR FESTTAGE

OSTERN, WEIHNACHTEN, GEBURTSTAG: KINDER TEILEN IHR JAHR MEIST NOCH IN FESTE EIN, SIE FREUEN SICH VON EINEM AUF DAS ANDERE. FESTTAGE SIND BESONDERE HÖHEPUNKTE, SIE MACHEN DAS LEBEN BUNT, SIE GEBEN DEM JAHR STRUKTUR UND SIE DURCHBRECHEN AUCH FÜR UNS ERWACHSENE DEN ALLTAG.

Meist sind mit Jahresfesten typische Familienrituale verbunden, die man ein Leben lang nicht vergisst. Wir fahren mit der ganzen Familie zum Beispiel zur Weihnachtszeit immer mit einem Schlitten auf die Alm. Auch wichtige Lebenswendepunkte sollte man zelebrieren, den Schuleintritt, eine neue Wohnung, ein Jubiläum. Es hilft, sich bewusst auf das Neue vorzubereiten und auch Abschied zu nehmen von alten Gewohnheiten. Das Zugehörigkeitsgefühl, das aus Festen erwächst, zur Familie, zu einem Freundeskreis oder einer Gemeinschaft, gibt uns die Sicherheit, auch in schwierigeren Lebensphasen, in unbeständigen Zeiten nicht allein zu sein. Wichtig ist, dass man Feste gut und gemeinsam plant, Erwartungen abspricht und auch Aufgaben verteilt. Ein Fest ist gelungen, wenn es alle Sinne intensiv anspricht. Dazu gehören auch duftende Blumen, Tischschmuck und festliche Kleidung. Für mich bedeuten Feste vor allem Freude machen, eine Freude, die auch mich erfreut.

FRÜHLINGS-
MENÜ

GRÜNE 7-KRÄUTERSUPPE
ZUR OSTERZEIT

SUPPE

4 EL Zwiebel, klein geschnitten

½ Knoblauchzehe, klein geschnitten

2–3 EL Butter

1 l Fünf-Elemente-Suppe
(Gemüse, Geflügel oder Rind)

1–2 mehlige Kartoffeln, geschält
und klein geschnitten

250 ml Heumilch-Sahne

7-KRÄUTERÖL

2 Handvoll Frühlingskräuter (Kerbel, Petersilie,
Rucola, Spitzwegerich, Bärlauch, Schnittlauch,
Brennnessel, Löwenzahn)

Je 75 ml Oliven- und Maiskeimöl

Falls verfügbar: Gänseblümchen zum Garnieren

Suppe: Zwiebel und Knoblauch in Butter anschwitzen, mit Gemüsefond aufgießen, Kartoffeln dazugeben und ca. 20 Minuten weich kochen. Sahne zugeben, ein Mal aufkochen lassen und passieren.

7-Kräuteröl: Alle Zutaten in der Moulinette zu einem cremigen Kräuteröl verarbeiten. Es nimmt die ätherischen Öle der Kräuter auf, konserviert sie und macht die Suppe geschmackvoller und wertvoller. Pro Portion 1 EL Kräuteröl in die heiße Suppe mixen und servieren. Falls es schon Gänseblümchen gibt, die Suppe damit ausgarnieren.

Sehr gut passt dazu das Kohlrabi-Carpaccio (siehe Seite 173).

Zubereitungszeit: 30 Minuten

TIPP

Das restliche Kräuteröl lässt sich, in einer Flasche abgefüllt,
wunderbar im Kühlschrank aufbewahren und schmeckt
auch ausgezeichnet zu Gemüse und Salaten.

GESCHMORTES OSTERLAMM
MIT BÄRLAUCHPOLENTA UND OFENGEMÜSE

LAMM

1 kg ausgelöste Lammschulter vom Weidelamm
2 EL ELEGANTES FLEISCHGEWÜRZ
250 g Wurzelgemüse (Karotten, Sellerie, Lauch), gereinigt und geschnitten
2 Knoblauchzehen
1 EL Tomatenmark
100–200 ml trockener Rotwein
1 ½ l Fünf-Elemente-Suppe (Gemüse, Geflügel oder Rind)
Je 2 Zweige Rosmarin und Thymian
1 große, mehlige Kartoffel, zum Binden der Sauce

BÄRLAUCHÖL

50 g Petersilie, gezupft
25 g Bärlauch
100 ml Maiskeimöl

BÄRLAUCHPOLENTA

125 ml Heumilch
125 ml Heumilch-Sahne
250 ml Fünf-Elemente-Suppe (Gemüse, Geflügel oder Rind)
25 g Butter
AYURVEDISCHES MASALA
60 g Polenta

OFENGEMÜSE

500 g gereinigtes Gemüse: junge Karotten, gelbe Rüben, Kohlrabi, Frühlingszwiebel, Brokkoli
Ca. 3 EL Olivenöl zum Durchmischen
Je 1 Zweig Rosmarin und Thymian
1 TL ELEGANTES FLEISCHGEWÜRZ
1 Knoblauchzehe

Lamm: Fleisch würzen und von allen Seiten gut anbraten, herausheben. Das Wurzelgemüse im Bratenrückstand anbraten, Knoblauch und Tomatenmark dazugeben und mit Rotwein ablöschen, Fond zugießen, Kräuter zugeben. Das Fleisch einlegen, zugedeckt bei 140 °C weich schmoren (ca. 2 Stunden). Das Fleisch herausrausnehmen, in Klarsichtfolie wickeln, den Ofen ausschalten und das Fleisch in der Restwärme noch 20 Minuten entspannen lassen. Die Sauce passieren. Zum Binden der Sauce die Kartoffel schälen, fein reiben und in die Sauce rühren, aufkochen und auf die gewünschte Konsistenz reduzieren, eventuell nachwürzen.

Bärlauchöl: Die Zutaten in einer Moulinette mixen, in Gläser füllen. Hält gekühlt mindestens 1 Monat. Das feine Knoblaucharoma würzt Suppen, Fleisch- und Gemüsegerichte und Salate.

Bärlauchpolenta: Milch, Sahne und Gemüsefond aufkochen, Butter, Masala und Polenta zufügen und unter ständigem Rühren ca. 10 Minuten lang cremig köcheln lassen.

Ofengemüse: Gemüse schneiden und mit dem Olivenöl, den Kräutern und den Gewürzen vermengen. Das Gemüse 30 Minuten vor Ablauf der zweistündigen Garzeit des Lamms in einer Kasserolle im Ofen mitgaren.

Zubereitungszeit: 2 ½ Stunden

TIPP

Statt der Bärlauchpolenta kann man auch 4–5 geviertelte heurige Kartoffeln mit dem Ofengemüse garen. Besonders fein schmeckt das Gericht mit einem Schälchen Ziegen- oder Schafsjoghurt.

LAUWARMER RHABARBER

MIT STREUSEL UND VANILLEEIS

RHABARBER

200 g Rhabarber, in Rauten geschnitten

100 g Tiefkühl-Himbeeren, aufgetaut, abgetropft und passiert

1 TL frischer Ingwer, geschält und fein gehackt

Rohrzucker oder Ahornsirup zum Süßen

Mark von ¼ Vanilleschote

1 TL SÜSSE KÜCHE nach Geschmack

Ggf. 1–2 EL Puddingpulver

STREUSEL

100 g Mehl (Type 700)

75 g Feinkristallzucker

75 g Butter, kalt

AUSSERDEM

Vanilleeis

Staubzucker und Minzblätter zum Garnieren

Rhabarber: Alle Zutaten in ein Gefäß geben und im 140 °C heißen Ofen abgedeckt auf Biss garen (ca. 30 Minuten). Eventuell mit 1–2 EL Puddingpulver binden; dazu das Puddingpulver in 50 ml kaltem Wasser auflösen, zum Rhabarber geben und 1–2 Minuten köcheln lassen.

Streusel: Mehl, Zucker und gekühlte Butter zwischen den Handflächen so lange reiben, bis sich schöne lockere Brösel bilden und alles gut vermischt ist.

Den Rhabarber portionsweise in Schalen aufteilen, die Streusel darüberstreuen und für etwa 5 Minuten bei 180 °C im Ofen knusprig backen.

Zum Anrichten den noch warmen Rhabarber-Streusel mit Vanilleeis, Staubzucker und Minze servieren.

Zubereitungszeit: 40 Minuten

SOMMER-
MENÜ

KALTES GURKEN-LIMETTEN-SÜPPCHEN

GURKEN-LIMETTEN-SÜPPCHEN

1 Salatgurke, geschält, entkernt und klein geschnitten

Saft von 1 Limette

1 EL weißer Balsamico

200 ml Buttermilch

½ l naturtrüber Apfelsaft

2 Handvoll Rucola, geschnitten

½ Chilischote

1 reife Avocado, entkernt und ausgelöst

GARNELEN

8 Garnelen, gereinigt

16 dicke Reisnudeln

Rapsöl zum Frittieren

FISCHGEWÜRZ

AUSSERDEM

1 Minigurke, mit dem Sparschäler in längliche, dünne Scheiben geschnitten

6 Minzeblätter zum Garnieren

Gurken-Limetten-Süppchen: Alle Zutaten für die Suppe im Standmixer oder mit dem Stabmixer mixen und in Gläsern aufteilen.

Die **Garnelen** auf Küchenkrepp gut abtrocknen. Pro Garnele 2–3 dicke rohe Reisnudeln durchstecken. In sehr heißem Öl 2–3 Minuten frittieren, dann ploppen die Reisnudeln auf. Danach würzen.

Zum Anrichten die Suppe mit Gurkenscheiben und Minze garnieren und mit den Garnelen servieren.

Zubereitungszeit: 20 Minuten

RINDERPAILLARD

MIT ARTISCHOCKEN, OLIVEN, STEINPILZEN UND KNOBLAUCHBAGUETTE

RINDERPAILLARD
8 EL Olivenöl
2 EL GRILLGEWÜRZ
4 dünne Scheiben niedere Beiried
(ca. 120 g, Stärke wie ein Schnitzerl)
3 Knoblauchzehen,
in dünne Scheiben geschnitten
8 Stück kleine Steinpilze (oder Kräuterseitlinge)
BAUERNGARTENSALZ und BERGPFEFFER
2 EL Balsamico
4 EL schwarze, kleine Oliven
8 Artischockenherzen aus dem Glas

KNOBLAUCHBAGUETTE
125 g Butter
2–3 EL KRÄUTERGEWÜRZ
¼ Knoblauchzehe, fein gehackt
1 EL Petersilie, fein gehackt
2 Baguettes

TOMATEN-BASILIKUM-SALAT
4 EL kalt gepresstes Olivenöl
1 EL MEDITERRANES GEWÜRZ
2 EL weißer Balsamico-Essig
1 Prise Steinsalz
½ kg reife Kirschtomaten, gewaschen,
halbiert und entstrunkt
2 EL Basilikumblättchen zum Garnieren

AUSSERDEM
100 g Rucola oder Frisée-Salat
Etwas Balsamico zum Beträufeln
100 g Parmesan, in feine Scheiben gehobelt

Rinderpaillard: Olivenöl mit dem Grillgewürz vermischen und die Fleischscheiben ca. 10 Minuten marinieren lassen. Grillpfanne erhitzen, das Fleisch auf jeder Seite 2–3 Minuten anbraten und im 60 °C heißen Ofen warm stellen.

Die Knoblauchscheiben sowie die in Scheiben geschnittenen Steinpilze in derselben Pfanne kurz goldbraun anbraten, mit Salz und Pfeffer würzen und mit dem Balsamico-Essig ablöschen. Oliven und Artischockenherzen dazugeben und kurz erwärmen.

Knoblauchbaguette: Alle Zutaten mit der cremigen Butter verrühren, die Baguettes halbieren, mit der Knoblauchbutter bestreichen und bei 220 °C Oberhitze knusprig backen.

Tomaten-Basilikum-Salat: Alle Würzzutaten verrühren, die Tomaten damit marinieren und mit geschnittenem Basilikum garnieren.

Zum Anrichten das Fleisch auf Teller legen, angebratene Steinpilz-Artischocken-Olivenmischung darauf verteilen, mit Rucola garnieren, mit Balsamico beträufeln und zum Schluss gehobelten Parmesan darüberstreuen. Knoblauchbaguette und Salat dazu reichen.

Zubereitungszeit: 20 Minuten

HOLUNDER-LIMETTEN-SÜPPCHEN
MIT MELONE

HOLUNDER-LIMETTEN-SÜPPCHEN	**AUSSERDEM**
100 ml Holunderblütensirup	1–2 reife Charonté Melonen (oder Zuckermelonen)
50 ml Limettensaft	Herzkirschen nach Belieben
1 Msp. Vanillemark	Nüsse nach Belieben
Nach Geschmack: Prosecco (ersatzweise trockener Weißwein oder Mineralwasser plus Apfelsaft)	Pro Portion 1 Kugel Limettensorbet
	Minzblätter zum Garnieren

Holunder-Limetten-Süppchen: Holunderblütensirup mit Limettensaft und Vanillemark vermengen, nach Geschmack mit Prosecco, Wein, Mineralwasser oder Apfelsaft verdünnen.

Melonen schälen, entkernen und in dünne Scheiben schneiden. Melonenscheiben in tiefen Tellern auflegen, mit dem Süppchen aufgießen und mit Herzkirschen, Nüssen, dem Sorbet und Minzblättern garnieren.

Zubereitungszeit: 15 Minuten

HERBST-
MENÜ

KOKOS-CURRYSUPPE
MIT GARNELENBÄLLCHEN

SUPPE

1 EL Galgant (oder frischer Ingwer), geschnitten

½ TL frischer Chili (oder Sambal Oelek), fein geschnitten

2 Kaffirblätter (oder Lemonenblätter), fein geschnitten

100 g Zitronengras, fein geschnitten

1 EL AYURVEDISCHES MASALA

½ Knoblauchzehe, geschnitten

4 EL Olivenöl

1 l Fünf-Elemente-Suppe Geflügel

600 ml Kokosnussmilch, ungesüßt

8 Champignons, in feine Scheiben geschnitten

8 kleine Tomaten, in Scheiben geschnitten

Fischsauce und Zitronensaft nach Geschmack

GARNELENBÄLLCHEN

¼ kg Garnelen, gereinigt und kleinwürfelig geschnitten

Je 1 TL Koriander und Petersilie, gehackt

1 Msp. Ingwer

4 EL Gemüse (Karotten, Sellerie, Junglauch), klein gehackt

Sojasauce und Fischsauce nach Belieben

AYURVEDISCHES MASALA und HABIBI GEWÜRZ nach Geschmack

AUSSERDEM

Ca. 3 EL Mehl

2 Eier, verschlagen und gesalzen

Ca. 100 g Semmelbrösel

Öl zum Ausbacken

Suppe: Galgant, Chili, Kaffirblätter, Zitronengras, Masala und Knoblauch ca. 5 Minuten in heißem Olivenöl schmurgeln lassen, bis es duftet. Mit Geflügelfond und Kokosmilch aufgießen und etwa 20 Minuten köcheln lassen. Champignons und Tomaten dazugeben, kurz mitgaren. Mit Fischsauce und Zitronensaft abschmecken.

Garnelenbällchen: Alle Zutaten vermengen und abschmecken. Die Masse mit nassen Händen zu kleinen Bällchen formen, wie ein Wiener Schnitzerl panieren, in 140 °C heißem Öl ca. 3–4 Minuten frittieren und zur Suppe servieren.

Zubereitungszeit: 40 Minuten

TIPP

Als Einlage eignen sich auch hervorragend Mini-Pak-Choi, die man mit der Suppe mitgart. Die Garnelen kann man auch pur und halbiert als Einlage in der Suppe servieren.

CONFIERTES ENTENHAXERL

MIT GESCHMORTEN ZWIEBELN
UND OLIVEN-POLENTA-KNÖDERL

ENTENCONFIT-BEIZE

2 TL Steinsalz
3 Stück Wacholderbeeren, zerkleinert
Je 1 Msp. Kümmel und Koriander, geschrotet
¼ Knoblauchzehe, gehackt
1 Lorbeerblatt
Je ½ TL BERGPFEFFER und
Thymian oder Quendel
3–4 EL Honig

ENTENHAXERL

4 Entenhaxerl (je ca. 180 g)
6 Gemüsezwiebeln, halbiert und
in dünne Scheiben geschnitten

FÜLLE

½ kleine Zwiebel, klein geschnitten
2 EL Olivenöl
100 g Mangold oder Spinat, klein geschnitten
10 Stk. schwarze oder grüne Oliven, entsteint
und klein geschnitten
50 g Mozzarella oder Topfen
oder geriebener Parmesan

POLENTAKNÖDEL

100 g Polentagrieß
400 ml Fünf-Elemente-Suppe Gemüse
1 EL Olivenöl
1–2 TL BAUERNGARTENSALZ
100 g Polentagrieß zum Wälzen
300 g Maiskeimöl zum Frittieren der Knödel

Entenconfit-Beize: Alle Zutaten vermischen und damit die Entenhaxerl einreiben und über Nacht im Kühlschrank marinieren lassen.

Entenhaxerl: Ofen auf 120–130 °C vorheizen, Gemüsezwiebeln in eine Kasserolle legen, Entenhaxerl mit der Hautseite nach oben auflegen und ca. 2 Stunden knusprig braten.

Fülle für die Knödel: Zwiebel in heißem Olivenöl kurz ansautieren, Mangold oder Spinat und Oliven dazugeben, abkühlen lassen. Geriebenen Mozzarella dazugeben und würzen, zu kleinen Kugeln formen und kurz anfrieren lassen, damit man die Knödel nachher besser formen kann.

Knödel: Polentagrieß im Gemüsefond garen, mit Öl und Salz würzen und leicht abkühlen lassen. Polenta in 8 Portionen teilen, flachdrücken, mit der Masse füllen und mit angefeuchteten Händen zu Knödeln formen. Diese sofort in Polentagrieß wälzen (er hält besser, wenn die Knödel noch feucht sind) und in heißem Öl 3–5 Minuten frittieren.

Zubereitungszeit: Beize über Nacht, Garzeit 2 Stunden

--- TIPP ---

Die Entenhaxerl muss man nicht unbedingt beizen,
man kann sie auch nur mit FLEISCHGEWÜRZ würzen und garen.

UNSERE MOHNTORTE
MIT MARINIERTEN BEEREN UND WINTER-ESPRESSO

MOHNTORTE

150 g Butter
100 g Staubzucker
1 TL Vanillezucker
1 Msp. Zimt, gemahlen
2 EL Rum, nach Belieben
6 Eier, getrennt
50 g Kristallzucker
1 Prise Salz
50 g Zitronat (kandierte Zitronenschalen),
fein gehackt
1 EL Mehl
150 g Mohn, gemahlen
Butter und Mehl für die Form
(24 cm Durchmesser)
Ribiselmarmelade

ZITRONENGLASUR

Saft von 1 Zitrone (ca. 4 EL)
Ca. 150 g Staubzucker

VANILLESAHNE

250 ml Sahne
1 Msp. SÜSSE KÜCHE oder Vanillezucker

MARINIERTE HIMBEEREN

100 g Zucker
Je ⅛ l Rotwein und Apfelsaft
(oder für Kinder ¼ l Apfelsaft)
½ Pkg. Vanillepuddingpulver
½ kg Tiefkühl-Himbeeren
SÜSSE KÜCHE nach Geschmack
Limetten- oder Zitronensaft
1 Msp. Vanillemark

WINTER-ESPRESSO (pro Person)

1 TL brauner Zucker
2 cl Orangenlikör
1 Prise SÜSSE KÜCHE
1 Msp. Tonkabohne, gerieben
1 Msp. Vanillemark
1 kleiner Espresso
3 EL Sahne, halb steif geschlagen

Mohntorte: Weiche, zimmerwarme Butter mit Staub- und Vanillezucker schaumig aufschlagen, Zimt und ggf. Rum einrühren. Dotter nach und nach unterrühren, schaumig schlagen. Eiklar mit Kristallzucker und einer Prise Salz zur „Vogelnase" schlagen (siehe Seite 54). ⅓ vom Schnee mit der Dottermasse verrühren. Zitronat mit 1 EL Mehl bestäuben (damit es in der Masse haften bleibt und beim Backen nicht zu Boden sinkt). Mohn mit dem Zitronat mischen und mit dem restlichen Schnee vorsichtig unterheben.

Masse in eine befettete und bemehlte Springform füllen. Im vorgeheizten Rohr bei 180 °C ca. 40 Minuten backen. Aus der Form lösen und auf einem Backgitter erkalten lassen.

Die Torte mit heißer Ribiselmarmelade rundum einstreichen. Dadurch wird die Oberfläche glatt und die Glasur wird nicht vom Kuchen aufgesaugt.

Danach mit der **Zitronenglasur** überziehen. Dafür in den Zitronensaft löffelweise so viel gesiebten Staubzucker einrühren, bis die Glasur die gewünschte dickflüssige Konsistenz hat. Man kann die Torte auch nur bezuckert servieren oder mit Schokolade- oder Rumglasur (Staubzucker mit Wasser und etwas Rum) überziehen.

Vanillesahne: Sahne mit der SÜSSEN KÜCHE oder Vanillezucker nach Geschmack cremig aufschlagen.

Marinierte Himbeeren: Zucker karamellisieren, mit Rotwein und der Hälfte vom Apfelsaft aufgießen, Vanillepuddingpulver im restlichen, kalten Apfelsaft auflösen, langsam in die kochende Flüssigkeit geben und auf die gewünschte Konsistenz einreduzieren. Himbeeren vorsichtig einrühren, mit SÜSSER KÜCHE, Limettensaft und Vanillemark aromatisieren und bis zum Servieren ziehen lassen.

Winter-Espresso: Braunen Zucker mit dem Orangenlikör erwärmen und in eine Doppelmoccatasse füllen, mit einer Prise SÜSSEN KÜCHE, Tonkabohne und Vanillemark verfeinern. Den frischen, heißen Kaffee in die Tasse füllen, eine Sahnehaube auf den Kaffee setzen und sofort servieren.

Zubereitungszeit: 90 Minuten

WINTER-MENÜ

MARONICREMESUPPE

MIT ZIMT UND STERNANIS

250 g Maroni, gekocht und geschält
1 l Fünf-Elemente-Suppe
(Rind, Geflügel oder Gemüse)
250 ml Sahne
Je 1 TL AYURVEDISCHES MASALA
und HABIBI GEWÜRZ

½ TL SÜSSE KÜCHE
1 TL Honig
1 Prise Steinsalz

Maroni im Fond etwa 20 Minuten köcheln lassen, dann fein mixen. Die Sahne und die Gewürze zugeben und nochmals etwa 10 Minuten leicht köcheln lassen. Danach durch ein Sieb passieren, mit Honig verfeinern, mit Salz abschmecken, aufmixen und servieren.

Zubereitungszeit: 35 Minuten

--- **TIPP** ---

Für einen festlichen Anlass verfeinere ich die Suppe mit je 50 ml Madeira, Noilly Prat und Weißwein, die ich mit fein geschnittenen Maroni in den Fond gebe.

ROSA GEGARTER HIRSCH

MIT PREISELBEERKRAPFERL, KARFIOLRÖSCHEN UND KARAMELLISIERTER HASELNUSS

HIRSCHRÜCKEN

1 kg parierter Hirschrücken

2 EL WILDGEWÜRZ

1 TL Steinsalz

Öl und Butter zum Anbraten

SAUCE

½ kg Hirschabschnitte oder Parüren (Fleischreste)

Öl zum Anbraten

250 g Wurzelgemüse (Karotte, Sellerie, Lauch, Zwiebel), klein geschnitten

1 TL Tomatenmark

Steinsalz

1 EL WILDGEWÜRZ

Je ⅛ l roter Portwein und trockener Rotwein

1 ½ l Fünf-Elemente-Suppe (Gemüse oder Rind)

1 rohe, mehlige Kartoffel, fein gerieben

KARFIOLRÖSCHEN

30 g Butter

30 g gemischte Nüsse (Walnuss, Haselnuss, Mandeln etc.), gehackt

20 g Panco-Brösel (ersatzweise Semmelbrösel)

1 TL WILDGEWÜRZ

Steinsalz

1 Prise Zucker

1 TL Petersilie

200 g Karfiolröschen, in Ascorbin-Wasser auf Biss gekocht (Vitamin C aus der Apotheke)

PREISELBEERKRAPFERL

20 g Germ (Hefe)

50 g Zucker

25 ml Heumilch

2 Eier

30 g Butter

Mark von ¼ Vanilleschote

1 Prise SÜSSE KÜCHE

80 g Speisetopfen 20 %, gut ausgedrückt

300 g doppelgriffiges Mehl

1 Prise Steinsalz

1 Glas Preiselbeermarmelade (ca. 250 g)

Rapsöl zum Ausbacken

KARAMELLISIERTE HASELNÜSSE

8 Haselnüsse

8 Zahnstocher

200 g Zucker, karamellisiert

Hirschrücken: Wildgewürz und Salz mischen, den Hirschrücken in der Gewürzmischung wenden und in der Öl-Butter-Mischung kurz goldbraun anbraten. Bratgitter in ein Backblech setzen, Hirsch darauflegen und im 90–120 °C heißen Backofen mit Bratenthermometer auf eine Kerntemperatur von 55–60 °C garen (ca. 45 Minuten). Hitze auf 60 °C reduzieren und das Fleisch mindestens 30 Minuten regenerieren lassen.

Sauce: Für die Sauce das Saucenfleisch in kleine Stücke schneiden und in Öl kräftig anbraten. Gemüse anbraten, Tomatenmark unterrühren, zum Saucenfleisch geben, Salz und Wildgewürz dazugeben. Mit Portwein, Rotwein und Rindsuppe aufgießen und so lange köcheln, bis das Fleisch und das Gemüse ganz weich ist. Die rohe, mehlige Kartoffel dazureiben, noch ca. 10 Minuten köcheln lassen, dann passieren und nochmals abschmecken.

Karfiolröschen: Butter schmelzen, Nüsse darin unter Rühren goldbraun rösten, Brösel, Gewürze und Petersilie dazugeben und über die auf Biss gekochten, abgetropften Karfiolröschen streuen.

Fortsetzung auf der nächsten Seite ↦

Preiselbeerkrapferl: Germ, Zucker, lauwarme Milch, Eier, weiche Butter, Vanillemark und eine Prise SÜSSE KÜCHE im Kessel mit dem Topfen verrühren. Zum Schluss gesiebtes Mehl und Salz zugeben. Teig ca. 1 Stunde kalt stellen. 30 g große Teigstücke mit Preiselbeermarmelade füllen, zur Kugel formen und in ausgebutterte und ausgebröselte Tassen, Muffinförmchen oder Ähnlichem legen. Im warmen Zimmer ca. 30 Minuten gehen lassen und in heißem Öl ca. 4 Minuten schwimmend goldbraun ausbacken (zuerst mit der runden, aufgegangenen Seite nach unten, dazwischen einmal wenden).

Karamellisierte Haselnüsse: Zahnstocher in Haselnüsse stecken und durch den karamellisierten Zucker ziehen, kurz anziehen lassen und zum Hirschrücken servieren.

Zubereitungszeit: 2 Stunden

SOUFFLÉ VON DER ZARTBITTERSCHOKOLADE

MIT POCHIERTER ANANAS

SOUFFLÉ

125 g Zartbitterschokolade
(mind. 60% Kakaoanteil)

125 g Butter

3 Dotter

3 Eier

90 g Zucker

30 g glattes Mehl

Zartbitterschokolade-Stücke zum Füllen

POCHIERTE ANANAS

2 Babyananas

500 ml naturtrüber Apfelsaft

1 Msp. SÜSSE KÜCHE

1 Msp. Vanillemark

Zitrone nach Geschmack

Soufflé: Eine Schüssel in heißes Wasser stellen, Schokolade und Butter im Wasserbad auf kleinster Flamme unter Rühren schmelzen lassen. Dotter, Eier und Zucker verrühren und mit der Schokolade-Butter-Masse vermengen. Dann das Mehl mit einem Sieb einstreuen und unterheben. Feuerfeste Schälchen ausbuttern und dreiviertelhoch die Soufflémasse einfüllen. In die Mitte dieser Masse ein Stück Zartbitterschokolade legen. Danach für 20–22 Minuten bei 160 °C im Backofen backen. Das Soufflé ist fertig, wenn es außen gebacken ist und innen einen cremigen Kern hat.

Pochierte Ananas: Ananas schälen, alle Zutaten aufkochen, die Frucht in die Marinade geben und bei ca. 100 °C ca. 10–15 Minuten pochieren. Die Ananas abkühlen und mit einem scharfen Messer in dünne Scheiben schneiden. Marinade reduzieren, bis sie die Konsistenz eines Sirups hat und damit die Ananas beträufeln.

Zubereitungszeit: 45 Minuten

TIPP

Die ungebackene Soufflémasse kann auf Vorrat gemacht werden
und hält sich im Kühlschrank verschlossen etwa 3 Tage.
In kleine Einmachgläser gefüllt, eignet sich das Soufflé ideal
als kleines Weihnachtsgeschenk zum Selbstbacken.

GETRÄNKE

HAGEBUTTE-HIMBEERE-MINZE

DIESES „ROTKÄPPCHEN" MÖGEN UNSERE KINDER
BESONDERS GERNE.

3 Teebeutel Hagenbuttentee
(oder Sanddorn oder Goldmelisse)
2 Gewürznelken
750 ml Wasser
250 g Himbeeren oder Erdbeeren
(frisch oder tiefgekühlt)

Holundersirup und Honig nach Geschmack
1 Prise Vanillemark
6 Minzeblätter
Frische Beeren zum Servieren

Hagebuttentee und Gewürznelken mit heißem Wasser aufgießen, 6 Minuten ziehen lassen. Himbeeren oder Erdbeeren zugeben und im heißen Tee 10 Minuten marinieren lassen, durch ein Sieb passieren und mit Holundersirup, Honig und einer Prise Vanillemark abschmecken. Mit frischen Beeren und Minzeblättern servieren.

(Seite 233 rechts oben, rechtes Glas)

BIRNE-LINDENBLÜTE-VERBENE-LIMETTE

SERVIERE ICH ZUR VEGANEN UND VEGETARISCHEN KÜCHE,
ABER AUCH ZU FISCH, GEFLÜGEL, KALB UND SÜSSSPEISEN. SEHR GUT
ALS APERITIF (50:50 MIT PROSECCO ODER SEKT).

Je 1 TL Lindenblüten- und Verbene-Tee
750 ml Wasser
1 l frischer Birnensaft

1 Msp. Vanillemark
Limettensaft und Birkenzucker
(oder Ahornsirup) nach Geschmack

Je 1 TL Lindenblüten- und Verbene-Tee mit 750 ml kochendem Wasser überbrühen und 5 Minuten ziehen lassen, abseihen und etwas abkühlen lassen. Tee mit Birnensaft, Vanillemark und Limettensaft vermischen, mit Birkenzucker oder Ahornsirup nach Geschmack süßen. Gekühlt servieren.

(Seite 232 rechts oben, linkes Glas)

ZWETSCHKE-DATTEL-GEWÜRZTEE

SERVIERE ICH ZU RIND, WILD, ENTE, GANS, PASTETEN UND TERRINEN,
SCHOKO-DESSERTS UND KÄSE.

250 g Zwetschken
3 Piment-Körner
1 l Wasser
2 TL Gewürz- oder Rooibostee

Vanillemark, SÜSSE KÜCHE,
Dattelsirup nach Geschmack
Frische Datteln, Beifuß- oder
Quendel-/Thymianzweige

250 g Zwetschken und 3 zerdrückte Piment-Körner in einem Liter Wasser weich garen, danach durch ein feines Sieb drücken. 2 TL Tee dazugeben, 5 Minuten ziehen lassen, abseihen. Mit Vanillemark, SÜSSE KÜCHE und Dattelsirup nach Geschmack süßen. Mit frischen Datteln oder Zwetschken und einem Beifuß- oder Quendel-/Thymianzweig servieren.

(Seite 232 rechts unten)

APFEL-ZITRONENTHYMIAN-MATCHA

SERVIERE ICH ZUR VEGANEN UND VEGETARISCHEN KÜCHE ODER ZU VORSPEISEN,
FISCH, MEERESFRÜCHTEN, GEFLÜGEL UND KALB ODER AUCH ZU TOPFENSPEISEN
UND ÖSTERREICHISCHEN MEHLSPEISEN. SEHR GUT ALS APERITIF.

4 TL Matcha-Teepulver
750 ml Wasser, aufgekocht
und leicht abgekühlt
1 Zweig Zitronenthymian

½ TL Ingwer, frisch und geraspelt
2 Stangen Zitronengras, zerquetscht
Zitronensaft, Apfelsaft und Honig
nach Geschmack

Matcha-Tee nach Anleitung zubereiten oder das Pulver mit etwas kaltem Wasser cremig rühren und dann mit heißem, aber nicht kochendem Wasser (ca. 80 °C) aufgießen und mit einem Bambusbesen (ersatzweise Schneebesen) aufschlagen. In den heißen Matcha-Tee den Zitronenthymian, Ingwer und das Zitronengras geben. 20 Minuten ziehen lassen, abseihen, abkühlen lassen und mit Zitronensaft, frisch gepresstem oder naturtrübem Apfelsaft und Honig aromatisieren.

(Seite 232 rechts oben, rechtes Glas)

KOKOS-ANANAS-VANILLE

DER „SCHNEEMANN" IST EIN LIEBLING UNSERER KINDER.
ER PASST ZU ALLEN SCHOKO-DESSERTS UND FRÜCHTEN, ABER AUCH ZUR BUNTEN,
PIKANTEN, EXOTISCHEN KÜCHE.

750 ml Kokosmilch	1 Prise Vanillemark
2 EL Kokosflocken	Kokosblütenzucker (Reformhaus)
100–150 ml Ananassaft, frisch gepresst	oder Agavensirup nach Geschmack

Alle Zutaten mixen. Gekühlt servieren.

(Seite 233 oben, linkes Glas)

TOMATE-ORANGE-WACHOLDER

MEIN APERITIF FÜR ALLE MEDITERRANEN GERICHTE.

750 ml Tomatensaft	Steinsalz
250 ml Orangensaft, frisch gepresst	BERGPFEFFER nach Geschmack
Tabasco	Pro Glas ein Schuss Gin

Alle Zutaten mixen, abschmecken und mit einem Schuss Gin (Wacholder) servieren.

(Seite 233 links unten)

MELONE-GERSTENGRAS-KIWI

SERVIERE ICH ALS APERITIF ZUR VEGANEN UND VEGETARISCHEN KÜCHE.
IST ABER AUCH EIN VITALISIERENDER MITNEHM-DRINK FÜR UNTERWEGS.

2–3 TL Gerstengraspulver
500 ml Wasser
250 g Mini-Kiwi
4 Mangoldblätter ohne Strunk
(oder 1 Handvoll junger Spinat)

250 g Honigmelone
Steinsalz, BERGPFEFFER und Holunderblütensirup nach Geschmack

Gerstengraspulver in 500 ml Wasser auflösen, mit Kiwi, Mangold (oder Spinat) und Melone mixen, durch ein Sieb passieren. Mit Steinsalz, BERGPFEFFER und Holunderblütensirup (oder Honig) abschmecken. Mit je einer Mini-Kiwi oder einer Melonenspalte servieren.

(Seite 233 rechts unten)

QUITTE/BIRNE-ALOE-VERA-MINZE

SERVIERE ICH ALS APERITIF MIT SEKT ODER WEIN ODER MINERALWASSER, PASST ZUR
VEGANEN UND VEGETARISCHEN KÜCHE, ZU FISCH UND HELLEM FLEISCH.

750 ml Quitten- oder Birnensaft
100 ml Aloe-Vera-Saft
1–2 EL Limettensaft
½ TL Ingwer, frisch und klein geraspelt
6 Blatt Minze, fein geschnitten
1 Paar Blätter Zitronenthymian, gerebelt

Honig nach Geschmack
Mineralwasser, Weißwein oder Prosecco
nach Geschmack
Pro Person 1 Kompottbirne zum Servieren,
Minzeblätter zum Garnieren

Alles mixen, durch ein Sieb passieren und abschmecken, beliebig und nach Geschmack mit Mineralwasser, Weißwein oder Prosecco aufspritzen, mit je einer Kompottbirne und Minzeblättern servieren.

(Seite 232 links)

MEINE KÜCHE ZUM GESUNDBLEIBEN UND -WERDEN

VOLKSHEILKUNDE IST URALTES ERFAHRUNGSWISSEN,
DAS VON GENERATION ZU GENERATION WEITERGEGEBEN WURDE.

Die Hausmittel haben sich über Jahrzehnte hinweg oder noch länger in Familien etabliert und bewährt. Im Mittelpunkt stehen die Erhaltung der eigenen Gesundheit sowie natürliche Möglichkeiten für mehr Wohlbefinden, etwa wenn der Magen drückt oder der Darm rebelliert. Auch wenn ein Husten quält oder das Fieber steigt, kann die Natur die Selbstheilungskräfte aktivieren und so die Genesung unterstützen.

WOK „WALDORF"

„EIN SCHNUPFEN HOCKT AUF DER TERRASSE, AUF DASS ER SICH EIN OPFER FASSE",
DICHTETE CHRISTIAN MORGENSTERN. WENN DER HERBST INS LAND ZIEHT, IST ES
HÖCHSTE ZEIT, DAS IMMUNSYSTEM GEZIELT ZU STÄRKEN. NICHT EIN EINZIGES
LEBENSMITTEL IST WICHTIG FÜR GUTE ABWEHRKRÄFTE, SONDERN VIELFALT: ZINK,
KUPFER, EISEN, SELEN SOWIE DIE VITAMINE A, C, D. DIESER WOK UNTERSTÜTZT
DEN KÖRPER MIT SEINER NÄHRSTOFFREICHEN BREITENWIRKUNG.

WOK

Kokosöl zum Anbraten
400 g dünne Scheiben von
2 gegarten Hühnerbrüsten
AYURVEDISCHES MASALA
½ Knollensellerie, geschält und fein geschnitten
1 Brokkoli-Kopf, in Röschen zerteilt
½ Fenchel, geschnitten
2 Karotten in Scheiben
1 Knoblauchzehe
½ TL Ingwer, gerieben
¼ Chilischote, gehackt

3 EL Sojasauce
250 ml Kokosmilch
250 ml Kokossahne
2 Äpfel, geschält und geachtelt
ORIENTALISCHES HABIBI
Saft von ½ Zitrone
5 EL Erdnüsse oder Walnüsse (80 g)

BEILAGE

100 g Quinoa
100 ml Wasser
300 ml Gute Suppe Gemüse

Wok: Kokosöl erhitzen, Huhn mit Masala würzen, rundum kurz anbraten, herausnehmen und warm stellen.

Gemüse mit Knoblauch, Ingwer und Chili im Wok bissfest braten, mit Sojasauce ablöschen, mit Kokosmilch und Kokossahne aufgießen, Huhn und Äpfel einlegen, 5 Minuten schmoren lassen, mit Habibi-Gewürz und Zitronensaft abschmecken und mit den Nüssen bestreuen.

Für die **Beilage** Quinoa heiß abspülen und wie Reis in Wasser und Gemüsebrühe aufkochen, dann zugedeckt auf kleiner Flamme weich kochen (ca. 20 Minuten), abgießen und zum Wok servieren.

Zubereitungszeit: 35 Minuten

VOLKSHEILKUNDE

Quendel und Thymian zählen zu den wirksamsten pflanzlichen Hausmitteln
gegen Husten, als Tee zum Trinken, Inhalieren und Gurgeln und auch als Gewürz.
Er löst den Schleim, erleichtert das Abhusten und hat eine antibakterielle,
antivirale Wirkung. Tee-Alternativen: Fenchel, Ingwer, Anis, Malve, Lindenblüten,
Holunderblüten, Salbei und Spitzwegerich.

HÜHNERSUPPE

MIT GRÜNKOHL UND PAPRIKA-LEINÖL-PÜREE

DIESE SUPPE WIRKT VOR ALLEM VORBEUGEND UND AUFBAUEND NACH EINER ERKÄLTUNG. ALSO NICHT ERST ESSEN, WENN DIE ERKÄLTUNG SCHON DA IST! SIE WÄRMT, ERSETZT FLÜSSIGKEITS- UND MINERALSTOFFVERLUSTE, VOR ALLEM VON ZINK, UND WIRKT POSITIV AUF DIE SCHLEIMHÄUTE.

SUPPE
500 g Bio-Hühnerfilet
½ rote Zwiebel
Öl zum Anbraten
1 ½ l Wasser
3–4 Karotten, in feine Scheiben geschnitten
2 rote Zwiebeln, grob schnitten
4 Knoblauchzehen, in feine Scheiben geschnitten
2 EL frischer Ingwer, in feine Scheiben geschnitten
1 TL Chilipulver
1 TL BAUERNGARTENSALZ

PAPRIKA-LEINÖL-PÜREE
2 rote Paprika, halbiert und entkernt
1 ganze Knoblauchzehe, geviertelt
2 EL Kürbiskerne, geröstet
2 EL Leinöl
1 EL MEDITERRANES GEWÜRZ

AUSSERDEM
½ kg Grünkohl, gehobelt
(ersatzweise Wirsing/Kohl)
100 g Rollgerstel, gekocht
(oder Quinoa, Couscous, Suppennudeln)

Suppe: In einem großen Topf das Hühnerfleisch mit der halben roten Zwiebel und etwas Öl kurz anrösten, mit dem Wasser aufgießen, die übrigen Zutaten dazugeben und würzen. Etwa 20 Minuten leicht köcheln lassen, dann das Hühnerfleisch herausnehmen.

Paprika-Leinöl-Püree: In der Zwischenzeit die Paprikahälften mit der Hautseite nach oben mit starker Oberhitze etwa 5–10 Minuten lang grillen, sodass sich die Haut leicht abziehen lässt. Die geschälten Paprikahälften mit den restlichen Zutaten in der Moulinette mixen.

Grünkohl zur Suppe geben und diese weitere 10 Minuten köcheln lassen, bis der Kohl weich ist. Rollgerstel und das geschnittene Hühnerfilet zur Suppe geben und mit dem Paprika-Leinöl-Püree servieren.

Zubereitungszeit: 40 Minuten

VOLKSHEILKUNDE

Die Wirkung von Leinöl auf die Gesundheit ist bemerkenswert. Durch seinen sehr hohen Anteil an Omega-3-Fettsäuren soll es sich positiv auf den Cholesterinspiegel sowie das Immunsystem auswirken, es unterstützt während der Wechseljahre, ist gut für die Haut und soll stimmungsaufhellend sein. Auch die Darmflora profitiert von den Schleimstoffen, die im Leinöl vorhanden sind. Als Hausmittel wird das vielseitige Öl seit Langem bei Husten sowie Heiserkeit eingesetzt.

PFANNENGEMÜSE VOM SHII-TAKE

MIT FRÜHLINGSZWIEBELN UND BROKKOLI

SHII-TAKE ZÄHLT ZU DEN URALTEN VITAL- ODER HEILPILZEN. ER KANN
DAS IMMUNSYSTEM WIRKUNGSVOLL UNTERSTÜTZEN UND SOLLTE VORBEUGEND
IN DER KALTEN JAHRESZEIT REGELMÄSSIG AUF DEM SPEISEPLAN STEHEN.

3 Frühlingszwiebel, in feine Scheiben geschnitten

4 Knoblauchzehen, in feine Scheiben geschnitten

2 Brokkoli (ca. 750 g), auch die Stängel schälen und in feine Scheiben schneiden

4 EL Olivenöl

200 ml Fünf-Elemente-Suppe Gemüse

250 g frische Schii-Take-Pilze (alternativ Kräuterseitlinge oder Wiesenchampignons)

2 Kartoffeln, in feine Scheiben geschnitten

2 TL BAUERNGARTENSALZ

4 Blätter Salbei

Frische Petersilie und Schnittlauch

Frühlingszwiebel mit Knoblauch und Brokkoli-Scheiben in einer Pfanne mit heißem Öl kurz anrösten, mit dem Gemüsefond aufgießen und etwa 5 Minuten zugedeckt garen. Die Brokkoli-Röschen und die geschnittenen Pilze dazugeben und garen.

Die Kartoffelscheiben salzen und in einer separaten Pfanne etwa 10 Minuten beidseitig goldbraun anrösten und weich garen.

Sobald die Kartoffeln fertig sind, mit dem übrigen Gemüse und dem Salbei vermengen und mit den frischen Kräutern servieren.

Zubereitungszeit: 25 Minuten

VOLKSHEILKUNDE

Bei Fieber, Schnupfen und Husten werden von der Naturheilkunde
vor allem Holunderblüten- und Lindenblütentee und Holunderbeerensaft
(Reformhaus) empfohlen. Gemeinsam treiben sie das Fieber aus,
wirken entzündungshemmend und schleimlösend. Wem der Geschmack
von Holunderbeerensaft zu streng ist, kann ihn mit Birnen-, Mango-,
Papaya- oder Zwetschkensaft mischen.

GERIEBENER APFEL

MIT KOKOS-MILCHREIS UND ZIMT

EIN GERIEBENER APFEL MIT SEINEN PEKTINEN HAT EINE WUNDERBAR STOPFENDE WIRKUNG. BEIM KOCHEN VON REIS ENTSTEHEN SCHLEIMSTOFFE, DIE DAS WASSER IM KÖRPER BINDEN, DAS SALZ GIBT DEM KÖRPER ELEKTROLYTE ZURÜCK, DIE BEI DURCHFALL VERMEHRT AUSGESCHIEDEN WERDEN. MILCHPRODUKTE SIND BEI DURCHFALL ZU MEIDEN, DARUM DEN REIS IN KOKOSMILCH KOCHEN. KOKOS HILFT AUCH DEM MAGEN.

KOKOS-MILCHREIS
1 Schale (150 g) Lang- oder Rundkornreis
2 Schalen Kokosmilch (etwa 300 ml)
1 EL Bio-Kokosnussflocken, frisch gerieben
1 Prise Steinsalz
2 EL Honig

APFEL
2 geschälte Bio-Äpfel, frisch gerieben
Zitrone nach Geschmack
Ceylon-Bio-Zimt zum Bestreuen

Kokos-Milchreis: Den Reistopf mit kaltem Wasser ausspülen (das verhindert das Anlegen der Kokosmilch), den Reis zusammen mit Kokosmilch, Kokosflocken und Salz bei kleiner Hitze weich garen, durchrühren. Vom Herd nehmen, leicht abkühlen lassen, den Honig einrühren und in Schälchen geben.

Den geriebenen **Apfel** mit Zitrone und Zimt dazu servieren.

Zubereitungszeit: 20 Minuten

VOLKSHEILKUNDE

Empfohlen werden Tees mit gerbstoffhaltigen Kräutern (keimhemmend, zusammenziehend) wie Brombeer- und Himbeerblätter sowie Johanniskraut. Parallel dazu kann ein entzündungshemmender Kamillentee getrunken werden. Getrocknete Heidelbeeren wirken stopfend, ebenso zerdrückte Bananen, auch Karottensuppe hat sich bewährt.

MEINE FASTENSPEISE

SCHON EIN ENTLASTUNGSTAG PRO WOCHE ZEITIGT SEINE WIRKUNG:
DER ORGANISMUS WIRD ENTLASTET, MAN FÜHLT SICH LEICHTER UND BEFREITER.
WICHTIG IST ES, SÄUREBILDENDE LEBENSMITTEL – WIE ZUCKER ODER FLEISCH,
BESONDERS VOM SCHWEIN – ZU VERMEIDEN. ES SOLLTE REICHLICH WASSER ODER
UNGESÜSSTER TEE GETRUNKEN WERDEN. SO EIN ENTLASTUNGSTAG IST EIN
WUNDERBARER, HUNGERFREIER AUSGLEICH NACH EINEM „SCHLEMMERTAG".

100 g getrocknete Tomaten, gewürfelt	4 Zweige Thymian
500 ml Fünf-Elemente-Suppe Gemüse	BAUERNGARTENSALZ
1 kleiner Spitzkohl	2 EL MEDITERRANES GEWÜRZ
6 EL Olivenöl	½ TL Ingwer, klein geschnitten
2 Karotten, geschält und in Scheiben geschnitten	1 Prise Kurkuma
3 Knoblauchzehen, in feine Scheiben geschnitten	1 EL Chiliflocken
	1 EL Sojasauce

Die getrockneten Tomaten im Gemüsefond etwa 20 Minuten lang marinieren lassen.

Den Spitzkohl in acht gleich große Stücke schneiden. Öl in einer Auflaufform erhitzen und den Spitzkohl darin etwa 5 Minuten beidseitig goldbraun anbraten.

Fond mit den Tomaten dazugießen, Karotten, Knoblauch, Thymianzweige und restliche Gewürze dazugeben und im 160 °C vorgeheizten Ofen etwa 20 Minuten schmoren lassen.

Nach Wunsch kann man je 1 Schälchen Quinoa oder Bulgur dazu servieren.

Zubereitungszeit: 30 Minuten, Einweichzeit 20 Minuten

VOLKSHEILKUNDE

Brennnesseltee ist der große, bewährte Klassiker, wenn es ums Entschlacken,
Entgiften und Entwässern geht. Mit Zitronensaft und Honig abmildern.
Auch Matcha-Tee und Grüner-Hafer-Tee wirken wassertreibend und fördern
die Ausscheidung von Stoffwechselabbauprodukten.

FÜRSORGE

BASMATIREIS MIT SÜSSKARTOFFELN

UND SOJASAHNE-GURKEN

BASMATIREIS MIT SÜSSKARTOFFELN

400 g Gemüse (Hauptanteil Süßkartoffel, Brokkoli, Karotten, Kohlrabi)

2 EL Sonnenblumenöl

2 TL Bockshornkleesamen (Reformhaus)

1 Prise Kurkuma

½ TL Ingwer, fein gehackt

AYURVEDISCHES MASALA

400 ml Wasser

200 g Basmatireis

2 TL Steinsalz

2 TL Zitronensaft

Je 1 TL Koriander und Petersilie, fein gehackt

SOJASAHNE-GURKEN

1 kg Bio-Gurken

2 EL Sonnenblumenöl

1 Prise Kreuzkümmel

1 TL Steinsalz

200 ml Sojasahne

1 TL Zucker

1 EL frische Dille, fein gehackt

Basmatireis mit Süßkartoffeln: Gemüse klein würfeln. Topf erhitzen, Öl hineingeben, die Gewürze kurz darin rösten, Gemüse beigeben und 5 Minuten schmurgeln lassen. Wasser, Reis und Salz dazugeben, aufkochen und zugedeckt bei kleinster Hitze ca. 20 Minuten garen lassen, bis der Reis weich ist. Zitronensaft und Kräuter unterrühren und servieren.

Sojasahne-Gurken: Gurken schälen, entkernen und würfeln. Topf erhitzen, Öl hineingeben, Gurken mit Kümmel und Salz würzen und so lange dünsten, bis sie bissfest sind. Sojasahne und Zucker hinzufügen, mit der Dille servieren.

Zubereitungszeit: 40 Minuten

VOLKSHEILKUNDE

Neben Ingwerwasser oder Ingwertee unterstützen auch Tees aus Kümmel, Anis, Fenchel und Kardamom die Verdauung. Wohltuend sind Kompottsäfte, z.B. von der Birne. Kaltes Trinken vermeiden, je wärmer, desto besser.

GEKOCHTE KARTOFFELN
MIT LEINÖL UND BIO-TOPFEN

KARTOFFELN GEHÖREN ZU DEN BASISCHEN, LEICHT VERDAULICHEN LEBENSMITTELN. SIE KÖNNEN DIE MAGENSÄURE NEUTRALISIEREN UND SO DIE MAGENSCHLEIMHAUT SCHÜTZEN. SIE BEWIRKEN EINEN GESUNDEN STOFFWECHSEL, EINE ERHOLUNG DER BAUCHSPEICHELDRÜSE UND GEHÖREN ZU DEN BESTEN BALLASTSTOFFEN FÜR DEN DARM. AUCH LEINÖL HILFT UND SCHÜTZT DEN GEREIZTEN MAGEN-DARM-TRAKT.

8 Bio-Kartoffeln	4 EL Leinöl
Etwas Steinsalz	250 g Bio-Topfen
Je ½ TL Kümmel, Anis und Fenchel	Frischer Schnittlauch und Thymianblätter

Kartoffeln mit Schale in leicht gesalzenem Wasser mit Kümmel, Anis und Fenchel kochen, schälen und mit dem Leinöl und dem Biotopfen, der mit den frischen Kräutern bestreut ist, servieren.

Zubereitungszeit: 20 Minuten

VOLKSHEILKUNDE

Bei Blähungen kann ein Tee aus Anis, Fenchel und Kümmel gute Dienste leisten. Bei nervösem Magen haben sich Pfefferminze und Kamille, aber auch Melisse und der beruhigende Hopfen bewährt. Den Tee zwischen den Mahlzeiten und vor dem Schlafengehen trinken.

REZEPTE

GEMÜSE

Avocado mit Sojasprossen, Kichererbsen und Erdnüssen	190
Basmatireis mit Süßkartoffeln und Sojasahne-Gurken	250
Eierschwammerl mit Grießknöderl	100
Frittata mit Spinat, jungen Erbsen und Tomaten	152
Frühkrautwickler mit gekörnter Senfsauce und blauen Kartoffeln	104
Gefüllte Liebes-Tomate	144
Gekochte Kartoffeln mit Leinöl und Bio-Topfen	252
Gemüsesticks pur und in Tempura-Teig, mit grünem Kräuter-Joghurt-Dip	160
Karfiol und Brokkoliröschen mit Haselnuss-Quendel-Brösel und Rahmspinat	200
Kohlrabi-Carpaccio mit 7-Kräuter-Suppe	172
Meine Fastenspeise	248
Pfannengemüse vom Shii-Take mit Frühlingszwiebeln und Brokkoli	244
Süßkartoffel-Curry mit Kokos-Erdnuss-Sauce	178
Wok „Waldorf"	240

PASTA & CO

Dreierlei Risotto	174
Farfalle mit Tomatensauce und Parmesan	132
Karotten-Kürbis-Nidei auf Orangen-Ingwer-Sauce	98
Pastavariationen von Scampi, Shrimps oder Huhn mit Ofen-Kirschtomaten und Oliven	130

MÜSLI

Geschichtetes Leinöl-Topfen-Müsli	188
Haferflocken-Porridge	186

SÜSSSPEISEN

Dukatenbuchteln mit Wachauer Marillen	126
Eis-Palatschinken mit Früchten	164
Gebackene Apfelradeln mit Zimtzucker	124
Geriebener Apfel mit Kokos-Milchreis und Zimt	246
Grießflammerie mit Birnenmus und Weichseln	204
Holunder-Limetten-Süppchen mit Melone	219
Kaiserschmarren oder Käsekaiserschmarren	86
Lauwarmer Rhabarber mit Streusel	213
Liebes-Fondue mit Tonkabohnen	148
Mein Blechkuchen x 3	90
Meine Topfenknödel-Variationen	108
Ricottakuchen mit frischen Himbeeren	138
Salzburger Nockerl	88
Soufflé von der Zartbitterschokolade	231
Topfen-Honig-Flan mit Zitronenverbene	180
Unsere Mohntorte mit marinierten Beeren	224

GETRÄNKE

Apfel-Zitronenthymian-Matcha	235
Birne-Lindenblüte-Verbene-Limette	234
Hagebutte-Himbeere-Minze	234
Kokos-Ananas-Vanille	236
Kräuter-Schlaftee	196
Mein Energietrunk	184
Mein Liebestrunk	196
Melone-Gerstengras-Kiwi	237
Quitte/Birne-Aloe-Vera-Minze	237
Smoothies	184
Tomate-Orange-Wacholder	236
Waldmeister-Cocktail mit Rosenblüten	142
Zwetschke-Dattel-Gewürztee	235

2. Auflage 2016
© 2016 Servus bei Benevento Publishing,
eine Marke der Red Bull Media House GmbH, Wals bei Salzburg

Medieninhaber, Verleger und Herausgeber:
Red Bull Media House GmbH
Oberst-Lepperdinger-Straße 11-15
5071 Wals bei Salzburg, Österreich

Texte und Rezepte: Johanna Maier, aufgezeichnet von Beatrix Stepanek
Lektorat: Margit Ritzka, Andreas Oberndorfer
Gestaltung und Satz: graficde'sign. pürstinger, Alex Stieg
Lithographie: DMSmedia Christoph Ratzer
Umschlagabbildung: Marco Rossi
Fotos: S. 1–73: Marco Rossi; S. 74–256: Eisenhut & Mayer
Foodstyling: Alexander Rieder
Assistentin Foodstyling: Julia Schmid

Printed in Austria
ISBN 978-3-7104-0108-4